문학교수, 영화 속으로 들어가다 7

문학교수,
영화 속으로
들어가다 7

김규종 지음

한적한 오후에 영화관에 앉아서 영화를 본다는 것은 축복받은 일이다. 수많은 사람이 일터에서 거리에서 광장에서 지하철에서 분망한 시간대의 자유분방한 일탈이기에 그러하다. 우리는 자의든 타의든 하고 싶지 않은 일도 해야 한다. 그것을 운명이라 한다. 하고 싶은 일만 하는 사람이 있다면, 그는 분명 행운을 타고난 사람이리라. 그래서일지 모르겠다. 이런저런 일과 관계와 사건 모두 던져버리고 영화관으로 달려가는 버릇이 생겨난 것은.

여럿이 봐도 괜찮지만, 사변적이고 논리적이며 추상성이 강한 영화는 홀로 보는 편이 좋다. 예민한 사람들은 영화가 끝난 다음에 입을 꽉 다물어버린다. 영화의 잔상과 흥취, 인상과 사유, 격동과 혼란 같은 것을 혼자 돌이키고 싶기 때문이리라. 그런 사람을 방해해선 안 된다. 그들이야말로 영화 애호가이자 영화광(映畵狂) 자격증을 가진 사람들이다. 그런 점에서 나는 얼치기다. 누군가 물어보면 생각과 느낌을 말하고, 아니면 침묵하기 때문이다.

오래전에 마케도니아 출신 영화감독 밀초 만체프스키(Milcho Man-chevski)가 연출한 〈비포 더 레인〉(1994)을 본 일이 있다. 보스니아 내전을 뫼비우스의 띠 형식으로 풀어낸 포스트모던 영화다. 시공간과 사건, 인물과 관계의 인과율(因果律)을 찾아가는 것이 아니라, 내전이 어떻게 무한폭력의 양상을 취하며, 우리는 폭력성으로부터 어떻게 자유로워질 수 있을 것인지를 묻는 난삽한 영화. 관람에 동행한 두 사람이 설익은 해설을 장시간 하는 바람에 귀가 따갑고 괴로웠던 것으로 기억한다.

우리는 좋은 영화, 혹은 마음에 드는 영화를 보고 나면 자연스레 침묵한다. 불확실하고 불완전한 언어의 형식으로 영화의 본령을 논하기 시작하면 으레 따분해지기 때문이다. 영화 〈엘레지〉의 남자 주인공 데이비드가 여자 주인공 콘수엘라의 가슴을 예찬함으로써 종당에 가슴에만 사로잡히는 형국이랄까?! 콘수엘라의 전모가 아닌, 육체의 일부에 함몰됨으로써 완전한 사랑을 얻기 직전에 사랑을 상실해버리고 마는 어리석음과 아쉬움 아닌가! 적실(的實)한 해석과 언어가 아니라면, 조용히 침잠하여 내면의 평온을 구하는 편이 나을 것이다.

요즘 한국에는 수많은 영화 평론가와 전문가들이 곳곳에 포진해 있다. 문자 그대로 '강호에는 고수가 많다!' 영화잡지며 신문이며 주말마다 되풀이되는 텔레비전의 영화소개 전문가들이며, 이루 헤아릴 수 없이 많은 영화판 고수들이 허공을 가른다. 그들의 내공과 비급(祕笈)은 상상을 불허한다. 그런 점에서 나의 소략한 서책 『문학교수, 영화 속으로 들어가다』 연작은 족탈불급이다. 필시 가벼운 인상비평이거나, 혼자만의 소박한 생각을 정리한 글에 지나지 않을 터.

이번에 출간하는 『문학교수, 영화 속으로 들어가다 7』은 전작(前作)들과 체제(體制)가 다소 다른 점을 먼저 밝히고자 한다. 지금까지 출간된 전작은 평균적으로 에이4 용지 3매 분량의 영화평을 기준으로 쓴 글을 묶은 서책이다. 간명하여 읽기 편하고, 나의 사유와 인식을 명쾌하게 전달하는 방편으로 그런 틀을 선택한 것이다. 글의 속도감과 긴장감은 장점이지만, 생략된 부분이 적잖아서 독자들에게 설명에 인색하다는 느낌을 지울 수 없다는 단점도 있다.

그런 아쉬운 점을 보완하고자 몇 편은 다소 길게 써보았다. 〈1984〉, 〈태풍이 지나가고〉, 〈남한산성〉, 〈강철비〉, 〈1987〉, 〈나, 다니엘 블레이크〉, 〈안시성〉 등이 이 범주의 글쓰기에 속한다. 제시된 목록의 글들은 대구에서 출간되는 계간 문학지 《사람의 문학》 비평에 게재된 것이기도 하다. 호흡이 긴 글은 나름대로 장점이 있다. 글쓴이의 생각을 독자에게 비교적 소상하게 전달하고, 여유롭게 반추할 기회를 제공한다는 점이다.

서책의 서문을 준비하는 동안 칸에서 낭보(朗報)가 들려왔다. 봉준호 감독의 신작 〈기생충〉이 영화제 대상인 황금종려상을 받은 것이다. 그날은 온종일 유쾌하고 들떠서 지냈다. 〈살인의 추억〉(2003)에서 시작하여 〈괴물〉(2006), 〈마더〉(2009), 〈설국열차〉(2013), 〈옥자〉(2017)에 이르기까지, 봉준호는 끝없는 자기혁신과 도전의 길을 걸어온 인물이다. 위대한 장인정신으로 자신만의 영화를 만들어온 그이기에 칸영화제 대상은 당연한 결과인지도 모르겠다.

우리는 한 편의 영화가 세상에 나오기까지 얼마나 많은 이들의 눈물과 고초가 함께 하는지 알지 못한다. 종영(終映)을 알리는 자막이 나오기도 전에 자리를 박차고 나가는 관객들 아닌가?! 적게는 수백에서 많게는 수천수만의 인력을 동원해서 만들어내는 영화는 종합예술의 극치이자 절정이다. 영화감독은 영화 속에서 모든 것을 아우르고 인도하는 최고 지도자의 자리에 있다. 전체를 통관(通觀)하는 거시적 안목과 세밀한 부분을 천착하는 현미경적 시선을 동시에 갖추어야 제대로 된 감독이라는 소리를 들을 수 있다. 그런 점에서 '봉테일' 봉준호는 최강의 내공을 갖춘 고수라 할 수 있겠다. 이번에는 급기야 '봉장르'라는 수식어까지 얻었다 한다.

『문학교수, 영화 속으로 들어가다 7』에 수록한 영화들은 대중적이거나(<공작>, <신과 함께>, <안시성>, <1987>) 대중이 반기지 않는(<그녀>, <나, 다니엘 블레이크>, <내 사랑>, <버닝>, <엘레지>) 대립적인 두 층위로 나누어질 수 있다. 얼마나 많은 관객이 드는가, 하는 문제는 제작사와 감독이 고민할 문제일 뿐, 나와는 무관하다. 그러하되 언제나 궁금증은 남는다. 왜 <남한산성>보다 <안시성> 관객이 더 많은가?! 병자호란을 소재로 한 판타지 오락영화 <최종병기 활>은 치열하고 비장한 실패의 역사를 담은 <남한산성>보다 어떻게 두 배나 많은 관객을 모을 수 있었을까?!

매표구의 판매수입만으로 영화의 성패를 가늠할 수는 없다. 그러나 상업성과 예술성이라는 두 마리 토끼를 동시에 잡아야 하는 것이 영화의 숙명인 이상, 우리는 관객 동원에도 관심을 가질 수밖에 없다. 거듭 강조하지만, 최대의 관객을 유치한 영화가 최고의 영화는 결코 아니다. 문제는 언제나 그렇듯이 관객의 극심한 쏠림 현상이다. 복합적인 원인이 있겠지만, 관객들의 다채로운 관점과 취향이 보편화하면 좋겠다는 바람이 크다.

미국의 흑백 인종차별문제를 다룬 〈앵무새 죽이기〉, 1984년에 펼쳐질 것이라 예상하며 1949년에 조지 오웰이 탈고한 장편소설 〈1984〉를 바탕으로 만들어진 안티유토피아 영화 〈1984〉, 인공지능 운영체계 여성과 인간남성의 사랑을 그린 영화 〈그녀〉, 카를 마르크스 탄생 200주년을 기념하여 제작된 〈청년 마르크스〉, 21세기 한국사회를 살아가는 청춘들의 복잡다단한 초상을 그려낸 이창동의 〈버닝〉, 영국의 부조리한 의료보험체계와 관료주의를 비판하는 〈나, 다니엘 블레이크〉 등은 관객들의 평균적인 취향과 기대수준을 벗어날지 모르겠다.

그렇지만 문화 다양성과 더불어 우리 시대의 미덕으로 강조되는 나름의 고유한 시각과 관점을 생각한다면 선택지를 확대하는 것도 나쁘지 않으리라 생각한다. 지구촌을 살아가는 75억 지구인들의 관점과 시야는 나날이 증폭되고 잠자리의 눈처럼 복합적으로 뒤얽혀 있기 때문이다. 너와 나의 차이가 복합적인 세계상(世界像)을 구성하고, 그것이 다시 다채로움으로 재생산되어 새로운 문화와 예술의 시공간을 증축하는 계기로 작용했으면 하는 바람이다.

『문학교수, 영화 속으로 들어가다 7』이 독자들의 기대에 얼마나 부응할지는 미지의 영역이다. 하지만 서책 출간은 언제나 가슴 설레고 유쾌한 흥분상태를 야기(惹起)한다. 부족하고 그릇된 대목에 대해서는 독자 여러분의 가차 없는 비판과 질정(叱正)을 고대한다. 부족한 졸고가 세상과 만나도록 수고로움을 아끼지 않은 '글누림 출판사'의 이태곤 편집장님과 문선희 님께 깊이 감사드리면서 머리말에 갈음하고자 한다.

2019년 6월 하순
전남대 용봉동 교정에서 지은이

contents

앵무새 죽이기

To Kill A Mockingbird

감독 로버트 멀리건
출연 그레고리 펙, 메리 배드햄
장르 드라마, 범죄, 미스터리
제작 1962년

앵무새 죽이기

　조금 오래된 영화를 보는 것은 유쾌한 일이다. 당대 사람들이 어떻게 살았을까, 하는 궁금증을 채워준다. 삶의 양상은 매 시기 다른 법이고, 그것에 따라서 윤리와 도덕, 상식과 통념도 변하기 마련이다. 1962년 영화 〈앵무새 죽이기〉는 이런 점에서 견본 같은 작품이다. 한 편의 영화 안에 다채로운 정보와 사유, 인식과 주제가 함축되어 있기 때문이다.

　〈앵무새 죽이기〉의 핵심적인 문제는 제국(帝國) 아메리카의 흑백갈등 혹은 인종문제다. 영화는 1865년 남북전쟁이 종결되었음에도 뿌리 깊게 남아있는 백인 우월주의와 흑인차별 문제를 기둥 줄거리로 진행된다. 제국의 흑백문제를 다룬 영화는 적잖다. 그것은 미국의 인종문제나 흑백갈등이 해결되지 않은 채 진행 중이라는 사실을 웅변한다.

　1967년 샌프란시스코를 시공간 배경으로 삼아 흑인남성과 백인여

성의 결혼문제를 천착한 〈초대받지 않은 손님〉이 그러하다. 이 문제를
한층 다채롭게 들여다본 영화는 2004년에 개봉한 〈크래쉬〉다. 로스앤
젤레스에서 발생한 사건에서 드러난 인종문제를 다룬 〈크래쉬〉는 흑
인과 백인은 물론이려니와 히스패닉과 아랍인, 한국인까지 등장한다.

세계의 용광로를 자임했던 세계제국 미국이 제구실을 하지 못하
는 21세기 현주소를 적나라하게 까발리는 영화가 〈크래쉬〉다. 가장
가까운 사례로는 2011년에 나온 영화 〈헬프〉를 거명할 수 있다. 미국
의 남부도시 미시시피 잭슨을 배경으로 한 〈헬프〉는 중산층 백인 여
성들의 어리석음과 교만함을 날카로운 풍자의 칼날로 포착한 희극영
화로 세간의 주목을 받았다.

〈앵무새 죽이기〉의 시간과 공간

1962년 개봉된 영화 〈앵무새 죽이기〉의 시공간 배경은 1932년 앨라배마의 작은 마을이다. 미국남부에 위치한 앨라배마는 플로리다와 미시시피에 인접해 있으며, 노예해방과 연방공화국을 둘러싸고 벌어진 남북전쟁 당시 남부군의 동맹이었다. 따라서 앨라배마는 흑인 노예해방에 반대하는 입장이었으며, 그것은 영화의 시간대인 1932년까지도 흔적을 남기게 된다.

주지(周知)하는 것처럼 1929년 10월 24일 '검은 목요일'로 통칭(通稱)되는 뉴욕 주식시장의 대폭락으로 미국의 대공황이 시작된다. 1933년 3월 대통령에 취임한 루스벨트는 '뉴딜정책'을 내세우면서 대공황의 출구전략을 마련한다. 따라서 〈앵무새 죽이기〉는 대공황으로 인한 실직과 빈곤이 한창 진행되고 있던 암울한 시기를 배경으로 한다.

그런데 30년 세월이 지나 영화가 제작된 1962년은 또 다른 의미에서 주목할 만하다. 쿠바 미사일 위기로 불린 동서냉전의 정점이자, 비둘기파 대통령인 케네디가 암살당하기 1년 전이기 때문이다. 그해는 소련과 미국이 일촉즉발(一觸即發)의 위기까지 치달아간 시점이자, 마틴 루터 킹 목사(1929-1968)가 열렬하게 흑인 인권운동을 전개한 시점이기도 하다.

영화의 사건과 복합적인 진행

아내와 사별한 변호사 에티커스 핀치는 여섯 살배기 딸 스카우트와 열 살짜리 아들 젬의 자상한 아빠다. 그는 마을 사람들에게 신망받는 인물이었지만, 존경 따위와는 거리가 먼 인물이기도 하다. 아이들 양육과 집안일은 흑인하녀 캘파니아가 도맡아 처리한다. 그러던 어느 날 에티커스는 테일러 판사로부터 흑인과 연루(連累)된 사건을 맡아달라는 부탁을 받는다.

이쯤이면 명민한 독자는 '아하, 법정(法庭)영화로군!' 하고 되뇔 것이다. 그런데 〈앵무새 죽이기〉는 법정영화로 장르를 규정하기 어려운 구석이 많다. 그도 그럴 것이 흑인청년 톰 로빈슨이 백인여성 마엘라 강간사건을 둘러싼 법정공방은 영화에서 큰 비중을 차지 않는 탓이다. 어쩌면 이것이 〈앵무새 죽이기〉가 가지고 있는 숨은 미덕인지도 모르겠다.

영화에는 흑백갈등 외에도 어린아이들의 눈에 비친 세상과 그들이 커나가는 성장영화의 요소가 있다. 강간사건을 둘러싸고 진행되는 사건이 경과하는 1년 남짓한 세월 동안 아이들이 대면하는 세태와 풍경이 영화 곳곳에 포진하여 웃음과 감동을 전달한다. 가난한 소년 커닝햄과 식사하는 자리에서 스카우트가 무례를 범하자 흑인하녀는 아주 따끔하게 아이를 혼내준다. 우리는 거기서 에티커스 집안의 평등한 흑백관계와 자녀훈육을 목도한다.

〈앵무새 죽이기〉는 1930년대 아메리카 판 은둔형 외톨이 '히키코

모리' 문제도 다룬다. 으스스한 분위기를 자아내는 집에 홀로 거주하는 래들리를 둘러싸고 마을 사람들이 보여주는 태도와 아이들의 호기심이 사건진행에서 복합적으로 작용한다. 누구에게도 해코지하지 않지만, 홀로 은둔한다는 이유만으로 외톨이가 되어버리는 당대 미국현실이 적실하게 드러난다.

앵무새와 어치의 은유

자신을 아빠라 부르지 않고 에티커스라는 이름으로 부르도록 방임하는 핀치. 그는 분명 자유로운 영혼을 가지고 있는 인물이다. 하지만 동시에 그는 단호함과 실용주의를 체화하는 인물이기도 하다. 미친개를 단 일발로 격멸(擊滅)하는 명사수 에티커스는 단박에 젬의 우상이 된다. 총을 사달라고 조르는 젬에게 에티커스는 총질의 대상을 분명히 구분한다.

여기서 관객은 어치와 앵무새 이야기를 듣게 된다. 누구에게도 해(害)를 끼치지 않고 아름다운 노래를 들려주는 앵무새를 죽여서는 안 된다는 것이다. 하지만 곡식을 축내고 사람에게 해가 되는 어치는 죽여도 좋다는 것이 에티커스의 생각이다. 영화의 제목은 이런 점에서 사건 진행과 밀접하게 관련된다. 그것도 은유(隱喩)의 형식으로!

강간사범으로 영치된 톰을 열렬하게 변호하지만 에티커스는 패배한다. 그로 인한 비극적인 결말이 톰과 그의 가족을 기다린다. 첫 번째 앵무새로 등장하는 톰 로빈슨. 에티커스가 흑인을 변호했다는 이유로 마엘라의 아버지 이웰은 젬과 스카우트 남매를 해코지한다. 절체절명 위기일발(危機一髮)의 순간에 히키코모리 래들리가 개입하고, 살인사건이 발생한다.

사건전모를 확인한 보안관 헤크는 사건종결을 주장한다. 정의의 사자 에티커스는 그에 맞서서 법정심판을 말한다. 그들 사이의 대화는 기실 어치와 앵무새에 관한 것이다. 무고한 래들리를 보호하려는

보안관과 아이들에게 앵무새 이야기를 들려준 변호사의 대화는 아이러니한 대조를 이룬다. 〈앵무새 죽이기〉가 소유하고 있는 장점 가운데 하나다.

제국의 사법체계와 흑백문제

영화가 보여주는 1933년 앨라배마 법정풍경은 뜨악하기 이를 데 없다. 흑인 사건이지만 판사, 검사, 변호사는 모두 백인이다. 더욱이 배심원단 전원은 오직 백인으로만 구성돼 있다. 법정 방청석 1층은 백인들만의 공간이고, 흑인들은 모두 2층으로 올라가야 한다. 1970년대까지도 버스에서 흑인과 백인의 자리를 분리한 주가 있었다는 사실이 실감나게 다가온다.

에티커스는 그런 분위기에서 톰의 변호를 진행한다. 증인 심문으로 그는 톰의 무죄와 마엘라의 무고(誣告)를 명명백백하게 밝혀낸다. 최후진술에서 에티커스는 양키 아메리카의 불완전한 사법제도를 언급한다. 그는 배심원단에게 올바른 판단으로 사법정의를 바로 세워달라고 간곡하게 호소한다. 두 시간 넘는 갑론을박(甲論乙駁) 속에 배심원단은 평결을 내린다.

〈앵무새 죽이기〉에서 아이들은 약방의 감초처럼 곳곳에서 존재감을 과시한다. 법정에서 스카우트와 젬 그리고 그들의 친구인 딜은 흑인목사와 함께 2층에서 재판과정을 목도한다. 그리고 배심원단의 판결과 폐정, 에티커트의 퇴장 순간까지 아이들은 흑인들과 동석한다. 아마도 그것은 미래의 제국 사법제도는 분명 개선될 것이라는 감독의 메시지가 아니었을까?!

영화가 던진 생각할 거리

젬은 판결에 승복할 수 없다. 어린 소년이 흑백갈등이나 인종편견을 이해할 수 없기 때문이다. 법이 얼마나 어디까지 정당한지, 법률적 정의와 대중의 법 감정 사이의 거리를 가늠할 능력이 없는 탓이다. "법은 윤리의 최소한"이라는 명제를 이해하기에는 아직 많이 어리기 때문이다. 법이 밝혀낼 실체적 진실의 미미함을 깨닫기에는 미숙하기

때문이다.

하지만 우리는 에티커스가 스카우트에게 전해 준 명제에 동의해야 한다. 다른 사람의 눈으로 보면 많은 것을 이해할 수 있다는 그의 말에 귀 기울여야 한다. 에티커스에 따르면, 나의 관점이 아니라, 타자의 관점에서 관계와 사건을 생각하고 헤아려야 비로소 세상을 이해할 수 있다는 것이다. 천 번 만 번 맞는 말이다. 하지만 그것을 실행하는 일은 지극히 어렵다.

〈앵무새 죽이기〉가 세상에 나온 지 어느덧 55년이 흘렀다. 킹 목사가 백인 극우주의자 제임스 얼 레이에게 암살당한 지 어언 49년이 지났다. 그동안 흑인들의 인권은 다소 신장되었지만, 흑백갈등은 장전된 기관총처럼 위태롭기 그지없다. 4차 산업혁명을 부르짖는 2017년 대명천지에 인종문제가 아직도 엄존하고 있음은 우울하고 비극적인 일이다.

얼마 전 발생한 유나이티드 항공사의 유색인종 차별사건은 상징적이다. 백인우월주의와 남성성, 미국 고립주의를 주장하는 21세기

외계인 트럼프의 등장은 제국 아메리카의 어두운 앞날을 예고한다. 제2, 제3의 유나이티드 항공사 사건은 언제든 재발 가능하다. 이런 점에서 우리는 〈앵무새 죽이기〉가 주장하는 타자의 시선과 사유, 인식과 행위에 눈과 가슴을 열어야 한다. 상호존중과 상호이해가 결여한 어떤 사회도 국가도 더는 존립 불가하기 때문이다!

1984

Nineteen Eighty-Four

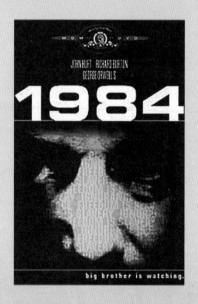

감독   마이클 래드포드
출연   존 허트, 리처드 버튼
장르   드라마, SF, 스릴러, 멜로/로맨스
제작   1984년

영화 〈1984〉와 반유토피아 소설

1. 글을 시작하면서

요즘 하루가 멀다 않고 들려오는 얘기가 4차 산업혁명이다. 이른바 지리상의 발견 이후 유럽에서 진행된 17-18세기 계몽주의가 결과한 것이 증기기관차와 증기선으로 대표되는 1차 산업혁명이다. 1830년 9월 맨체스터-리버풀 구간 45킬로미터를 평균시속 32킬로미터, 최고속도 47킬로미터를 주파한 증기기관차 로켓호가 등장한다.

세계최초로 상업열차 시대를 개막한 것이다. "노약자와 임산부는 의사를 대동하시오!" 하는 경고문구가 나붙었다고 전한다. 도보와 마차가 운송수단의 전부였던 시절이었으니 그럴 법도 하다. 영국이 중심이 돼서 발진한 산업혁명은 석탄과 증기기관, 경험으로 숙련된 노동자와 식민지 건설 등으로 요약 가능하다.

19세기 말과 20세기 초에 미국을 중심으로 이루어진 철강과 자동차, 전기 분야에서 근대과학과 결합한 2차 산업혁명이 일어난다. 이 시기에도 석탄이 유력한 에너지원이었지만, 자동차 산업의 등장과 발전으로 증기기관이 내연기관으로 전화(轉化)하는 시점이었다. 중심 에너지원이 석탄에서 석유로 이동하는 시기라 할 수 있다.

프레데릭 테일러(1856-1915)는 노동자들의 조직적인 태업을 방지하여 생산성을 높이겠다는 '테일러 시스템'을 창안한다. 오늘날 컨베이어벨트 시스템으로 잘 알려진 '포드 시스템'은 테일러 시스템을 발전시킨 것으로 그 원년은 1903년으로 알려져 있다. 2차 산업혁명은 화학을 필두로 한 근대과학에 힘입은 바 크다.

1960-70년대에는 컴퓨터 정보화와 인터넷, 자동화생산에 기초한 3차 산업혁명이 발생한다. 오늘날 우리에게도 친숙한 개인용 컴퓨터와 휴대전화로 대표되는 이동통신과 전자우편, '소셜 네트워크 서비스'(SNS) 같은 초연결망으로 생성된 시공간의 무한확장과 축소를 생각할 수 있다. 소련과 동구 사회주의 국가들이 1980년대 중반 줄줄이 무너져버린 이유 가운데 하나는 3차 산업혁명의 변화와 발전에 적절하게 대응하지 못했던 데 있다. 그들은 과학기술 혁명시기를 관료주의와 알코올중독 문제 때문에 헛되이 날려버렸던 것이다.

21세기 초입에 인류는 인공지능, 로봇과 생명과학이 주도하는 4차 산업혁명과 대면하고 있다. 빅 데이터와 드론, 사물인터넷(Internet of Things)과 3차원 인쇄기(3D 프린터) 등이 우리의 미래를 근본적으로 바꿔놓을 것이라고 한다. 인류가 지금까지 알지 못했던 미증유의 변화된 세계상이 조만간 펼쳐질 것이라는 것이 미래학자들의 진단이다. 우리가 영화로만 보았던 세계, 예컨대 〈마이너리티 리포트〉, 〈터미네이터〉, 〈매트릭스〉, 〈이퀼리브리엄〉, 〈엘리시움〉 같은 세계가 머지않아 우리 눈앞에서 전개될 것이다.

이런 전제를 염두에 두면서 나는 조지 오웰의 반(안티) 유토피아 소설 〈1984〉(1949)를 저본(底本)으로 한 영화 〈1984〉를 살펴보고자 한다. 그에 앞서 반(反)유토피아 소설의 효시라 불리는 예브게니 자먀틴의 『우리들』(1924)과 올더스 헉슬리의 『멋진 신세계』(1932)를 생각해보려 한다. 불과 한 세대가 지나가기도 전에 인류의 미래를 어둡게 채색한 장편소설이 세 편이나 출간되었다는 사실이 상당히 흥미롭다.

무엇이 그들로 하여금 아름답고 풍요로우며 따뜻하고 인간다운 미래가 아니라, 무자비한 권력과 압제, 박탈된 개인의 자유와 자유의지, 사랑과 온유한 가족의 실종, 완전히 격절(隔絶)된 인간과 인간의 유대관계를 야기한 것일까. 지금 진행되고 있는 4차 산업혁명은 우리의 미래를 어떤 향방으로 인도할 것인지, 궁금한 시점에서 반유토피아 소설과 영화를 생각해봄은 적잖은 의미가 있을 성싶다.

유토피아는 본디 '아니오'라는 그리스어 'ou'와 장소를 뜻하는 'topos'가 결합하여 '존재하지 않는 곳'을 의미한다. 1516년 영국의 토마스 모어가 '이상적인 완전함을 갖춘 가상의 섬'을 〈유토피아〉에서 묘사함으로써 그것은 일반명사로 전화된다. 그 이후 우리는 '특히 사회—정치적인 관점의 이상향(理想鄕)'을 논할 때 유토피아라는 어휘를 사용하게 된다.

유토피아와 대립되는 의미로 사용되는 디스토피아(dystopia)는 본디 '완전히 비참하고 불행한 가상(假想)의 장소'를 뜻하는 어휘다. 그런 까닭에 유토피아와 디스토피아의 대립보다는 유토피아와 반유토피아의 대립이 적절해 보인다. 그것은 앞으로 다룰 세 편의 장편소설에서 그려지는 세계가 완전한 불행과 비참으로 점철된 공간이라기보다는 사회-정치적인 관점에서 이상향과 완전히 동떨어진 이질적(異質的)인 공간이기 때문이다.

2. 자먀틴(1884-1937)과 『우리들(My)』

자먀틴의 장편소설 『우리들』은 1924년 영어판으로 출간되고, 1927년 체코의 프라하에서 러시아어로 출간된다. 지구 전체가 단일제국으로 전환한 지 어언 1,000년 세월이 흐른 뒤의 시간을 배경으로 하는 소설 『우리들』. 동일한 시각에 수백만 인간들이 일시에 기상하여 노동하고 작업을 종료하며, 동일한 시각에 식사하고 산보하며 잠자리에 드는 단일제국. 인간들이 고유한 성(姓)과 이름 대신 알파비트와 숫자로 표기되는 공간 단일제국.

300년 전 단일제국은 『성법전(性法典)』을 선포했는데, 그것에 따르면 모든 번호에게는 어떤 번호라도 성적(性的)인 산물로 이용할 권리가 있다. '성규제국'에서 섹스 일정표를 산출하면, 그에 따라서 정해진

날에 번호들이 신고한 연후에 섹스를 하는 단일제국.

『우리들』의 주인공 디(D)-503은 우주선 '인테그랄'의 조선담당기사다. 그가 인식하는 단일제국은 이렇게 묘사된다. "나는 저 거대하고 강력한 단일체(單一體)의 일부분으로 나 자신을 인식한다. 그토록 정확한 아름다움이 또 있을까. 단 하나의 몸짓도, 굴곡도, 회전도 불필요한 것이 없다."

디-503은 단일제국 이전의 고대인들 가운데 테일러를 가장 위대한 천재로 예찬한다. 그도 그럴 것이 위에 제시된 단일제국의 강력함,

정확성, 아름다움, 완전성이 테일러에게서 발원했다고 믿기 때문이다. 실제로 단일제국을 작동시키는 원리는 '테일러 시스템'이다. 단일제국 거주자들은 테일러의 법칙에 따라 지렛대처럼 규칙적이고 신속하게 몸을 움직인다. 거의 기계처럼 작동하는 인간(번호)들은 인간화(人間化)한 기계와 별반 차이가 없다.

디-503은 실수하지 않는 구구단이 고대의 신보다 현명하고 절대적이라 생각한다. 그는 꽃에서는 어떤 아름다움도 찾지 못하며, 기계와 장화, 공식(公式)과 음식물처럼 이성적이고 유익한 것들에서만 아름다움을 찾는다. 단일제국의 살아있는 현명한 유일신 은혜로운 분을 섬기는 디-503. 호모사피엔스라는 이름으로 인간일 수 있는 것은 그에게 의문부호는 결코 없으며, 오직 감탄사와 쉼표, 마침표만 존재할 수 있을 때라고 확신하는 디-503.

디-503이 가지고 있던 은산철벽(銀山鐵壁) 같은 믿음이 아이(I)-330으로 인해 무너져 내리기 시작한다. 날씬하고 날카로우며 유연한 여성 아이-330. 그녀는 자신을 디-503에게 등록하고 술을 권한다. 단일제국은 알코올과 니코틴을 처형으로 다스린다.

눈 하나 깜짝이지 않고 규율을 무시하는 아이-330. 그날 디-503은 처음으로 인간의 자의식을 회복한다. 수학과 죽음은 결코 실수하지 않는다는 믿음을 가지고 있던 기사 디-503의 내부에 사랑으로 인해 새로운 영혼이 형성된 것이다. 아이-330과 함께 그는 벽 너머의 새로운 세상으로 나아간다.

"소수의 사람들만 살아남아 벽 너머에 남아 있었죠. 벌거벗은 채 그들은 숲으로 갔습니다. 거기서 그들은 나무와 짐승과 새와 꽃과 태양에게서 삶을 배웠어요. 그들 몸은 털로 덮이게 되었죠. 털 아래엔 따뜻한 피가 흐르고요. 당신 상태는 아주 나빠요. 숫자로 덮여 있으니까요. 당신의 모든 것을 벌거벗겨서 숲으로 쫓아야 해요. 공포와 기쁨, 불 같은 분노와 추위로 인한 전율(戰慄)을 배워야 합니다." 벽 너머의 세계에 대한 아이-330의 설명이다.

디-503은 인테그랄을 탈취하려는 아이-330의 기획에 동참하지만, 탈취시도는 실패로 끝나고 아이-330은 체포된다. 은혜로운 분은 디-503을 호출하여 다음과 같이 말한다.

"푸른 언덕, 십자가, 군중, 몇몇 군중은 위에서 피로 범벅된 채 육신을 십자가에 못 박고 있소. 몇몇은 아래에서 눈물로 범벅이 되어 그걸 구경하고 있소. 당신은 위에 있는 인간들의 구실이 가장 어렵고 중요하다고 생각하지 않소? 그들이 아니었더라면 그토록 장엄한 비극이 상연될 수 있었을까? 그때에도 야만적인 털북숭이 인간들은 알고 있었지. 인류에 대한 진정하고 대수학적인 사랑은 반드시 비인간적이며 진리의 불가피한 표현은 잔인성이라는 것을."

은혜로운 분이 덧붙인 것처럼 최후의 혁명으로 완수된 낙원 단일제국에는 인간적인 욕망도 번민도 사랑도 없다. 거기서 살아가는 번호들은 모두 축복받은 천사이자 새로운 여호와(은혜로운 분)의 노예에 지나지 않는다.

아이-330은 그것에 반기를 든 것이다. 가장 큰 숫자가 없는 것처럼 마지막 혁명도 없다는 신념을 가진 여인 아이-330. 다양성만이 생명을 구한다는 믿음을 행동으로 구현한 아이-330. 그리하여 그녀는 연례행사처럼 진행되는 은혜로운 분의 선거당일 '반대'에 손을 높이 들며, 인테그랄 탈취시도로 체포되기에 이르는 것이다.

『우리들』의 주제는 시인이자 디-503의 오랜 친구인 알(R)-13의 대화에 나타나 있다. 알-13은 실낙원의 핵심을 간략하게 요약한다. 그것은 자유 없는 행복이냐, 행복 없는 자유냐, 하는 것이다. 제3의 선택은 존재하지 않는다. 자유를 선택한 인간은 오래도록 구속을 갈구했고, 그 결과 현재의 단일제국, 즉 자유 없는 행복의 제국을 선택한 것이라고 알-13은 말한다.

따라서 『우리들』의 문제의식은 근본적으로 자유와 행복 가운데 무엇을 선택할 것인지를 묻는 것이다. 디-503은 종당에 자유를 저당잡힌 행복을 선택하고, 행복을 희생하고 자유를 선택한 아이-330은 처형을 기다리는 것으로 『우리들』은 끝난다.

3. 헉슬리(1894-1963)와 〈멋진 신세계(Brave New World)〉

자먀틴의 『우리들』이 출간된 지 8년 세월이 흐른 뒤 헉슬리의 장편소설 『멋진 신세계』가 세상의 빛과 만난다. 헉슬리는 소설의 시간을 '포드 기원(紀元) 632년'으로 명확하게 밝히는 미덕을 베푼다. 포드 시스템이 공식적으로 인정된 원년은 1903년이다. 따라서 『멋진 신세계』의 시간배경은 서기 2535년이다. 『우리들』에서 언명된 모호한 단일제국의 성립연대와 확연한 차이를 보이는 소설이 『멋진 신세계』다.

시간과 더불어 공간배경도 간명하게 처리된다. 소설 첫머리에서 독자는 미래세계를 지배하는 10명의 총통 가운데 한 사람인 무스타파 몬드와 대면한다. 그는 인공부화-조건반사 양육소를 방문한 견습생들에게 말한다. "여러분 모두는 기억할 것이다. '역사는 엉터리다!'

라는 포드님의 아름답고 영감어린 말씀을 기억할 것이다."

재기(才氣) 넘치는 소설가 헉슬리는 아주 짧은 장면에서 총통이 날려버리는 역사와 신화와 종교를 현현(顯現)한다. 그것은 하랍파와 우르이며, 테베와 바빌론이고, 크노소스와 미케네다. 그와 더불어 오디세우스와 제우스, 붓다와 예수, 아테네와 로마가 사라진다. 리어왕과 파스칼, 레퀴엠과 수난곡도 사라진다.

『멋진 신세계』의 세계국가를 대표하는 표어가 있다. 그것은 공유(共有), 균등(均等), 안정(安定)이다. 헉슬리가 사용한 원어는 'Com-munity(공유, 공동체, 공동사회), Identity(균등, 동일시), Stability(안정)'이다. 번역가가 소설 『1984』의 전반적인 내용을 가장 적절하게 표현하는 번역어로 공유, 균등, 안정을 선택한 것 같다.

2535년 세계국가의 특징 가운데 하나는 부모와 가정이 소멸된 곳에서 인간은 정해진 계급에 따라 부화되고 양육된다는 것이다. 미래의 세계총통이 될 알파계급이나, 하수구 청소부가 될 입실론계급이 미리 정해지고 그것에 따른 조건 반사훈련을 받는다는 얘기다. 헉슬리가 상정(想定)한 반유토피아 세계에서는 가족과 가정, 일부일처제가 완전 소멸되고 '만인은 만인의 공유물'이라는 논리가 지배적인 공간으로 전화된다. 여기서도 『우리들』의 세계처럼 남녀의 성은 누구에게나 공유되며, 따라서 남녀의 진지한 일대일 대응관계는 배타적인 영역이다.

단일한 세계국가에는 행복감과 마취환각 증세를 일으키는 알약

'소마'가 있다. 조금이라도 괴롭거나 불편하고 외로울 때 소마를 먹으면 누구나 즉시 행복해지고 만족과 평온을 얻는다. 더욱이 세계국가에서 노인의 생리학적 특성은 근절되어 누구나 60세까지는 소년과 소녀의 얼굴을 유지한다. 그러다 어느 날 죽음이 들이닥치고 그들은 급속도로 노화되어 생을 마감한다.

그런데 그들 모두는 어린 시절부터 "지금 모든 인간은 행복하다!"는 것을 12년 동안 매일 밤 150번씩 반복 청취해야 한다. 657,000번 동안 스스로를 세뇌(洗腦)함으로써 세계국가 시민들은 행복하다는 것을 숨쉬는 것만큼이나 자연스럽게 수용하는 것이다.

매력적인 여인 레니나 크라운과 열등의식을 가진 남성 버나드 마르크스가 뉴멕시코의 야만인 보호구역을 여행함으로써 소설은 전혀 다른 행로(行路)를 시작한다. 그곳의 감독관은 말한다.

"징그러운 이야기지만, 보호구역에서는 아직도 사람이 아기를 낳습니다. 여기서 태어난 것들은 여기서 죽을 운명을 피하지 못합니다. 약 6만의 인디언과 혼혈아들… 전적인 야만인들… 우리 검사관들이 종종 방문합니다만… 그것 말고는 문명사회와 접촉이 전혀 없습니다… 결혼과 가족… 망측한 미신들… 기독교와 토템신앙과 조상숭배… 퓨마, 바늘다람쥐, 맹수들… 전염병… 승려… 독이빨을 가진 도마뱀들…"

야만인 보호구역에서 그들은 영어를 쓰는 백인 청년 존을 만난다. 존의 모친 린다는 역겨울 정도로 추하고 늙은 여성으로 비대한 몸매의 알코올중독자다. 하지만 그녀는 언젠가 세계국가의 베타계급 여성으로 토마스라는 남자와 야만인 보호구역으로 여행 왔다가 실종된 인물이다.

린다는 존에게 모든 사람은 행복하며 만인은 만인의 것이라는 이야기를 들려주었고, 그녀의 인디언 애인 포폐는 열두 살 된 존에게 『셰익스피어 전집』을 가져다준다. 이런 이야기를 듣게 된 버나드는 무스타파 총통에게 사실을 알리고 린다와 존을 문명세계로 데려온다.

『멋진 신세계』의 이념적 대결구도는 존과 무스타파 총통의 대화에서 드러난다. 자유와 인간다움을 설파하는 존에게 총통은 말한다.

"사회불안이 없으면 비극(悲劇)은 불가능해. 지금 세계는 안정됐고 사람들은 행복해. 뭔가 잘못되면 소마가 해결하지. 델타계급이 자유와 『오셀로』를 이해하기를 기대하다니?! 모든 변화는 안정을 위협하지. 예술과 과학은 행복과 양립할 수 없어. 진리는 위협적이고 과학은

공적(公的)인 위험물질이야. 당면문제 이외의 과학연구는 제한하고 있네. 우리는 행복을 위해서 진리와 아름다움은 물론 종교도 포기했다네. 참회의 눈물을 흘리지 않고도 기독교 정신을 터득하는 것, 그것이 소마의 본질이야."

인간의 지극한 행복과 열락(悅樂)을 설파하는 총통에게 존은 굴복하지 않는다. "저는 안락을 원하지 않아요. 시(詩)와 진정한 위험과 자유와 선을 바랍니다. 죄를 원합니다."

자유의 남용으로 인해 키프로스 섬에서 발생한 내란과 살육을 예로 들면서 무스타파는 존을 설득하려 한다. 인간에게 필요한 것은 자유가 아니라 행복이라는 사실을! 그럼에도 셰익스피어에게 양육된 자유의지의 인간 존은 총통을 거부한다. 그에게 남은 유일한 선택은 자살이다.

4. 오웰(1903-1950)과 『1984』

1949년 출간된 오웰의 『1984』는 앞에 제시된 소설들의 분위기와 사뭇 다르다. 『우리들』에서는 아이-330을 사랑하는 디-503의 애틋한 심사와 두 사람의 관계, 그리고 벽 너머의 세계가 따뜻하게 그려져 있다. 헉슬리는 『멋진 신세계』에서 레니나를 사랑하는 버나드의 심리와 존에게 한사코 이끌리는 레니나의 내면풍경을 화사(華奢)할 정도로 묘사한다. '완전한 비참과 불행으로 점철된 가상의 공간'은 『멋진

신세계』에도 『우리들』에서도 존재하지 않는다.

그런데 『1984』는 첫머리부터 음산하고 침울하다. 거리거리마다 건물마다 "빅브라더가 당신을 지켜보고 있다!(Big Brother is watching you!)"라고 적힌 대형 포스터가 붙어 있다. 그와 더불어 경찰순찰기와 사상경찰, 쌍방향으로 소통이 가능한 '텔레스크린'이 삼엄한 감시망을 전개한다.

빅브라더의 포스터와 함께 오세아니아를 지배하는 당의 표어가 300미터 높이의 '진리부' 건물에 걸려 있다. '전쟁은 평화, 자유는 구속, 무지는 힘.(War is Peace, Freedom is Slavery, Ignorance is Strength)' 상호 대립하는 어휘를 자동사(自動詞)로 연결함으로써 야기되는 강력한 모순의 아이러니가 괴수(怪獸)의 이빨처럼 번뜩인다.

　빅브라더는 검은 머리에 검은 콧수염을 기른, 힘이 넘치면서도 신비로울 만큼 평온해 보이는 호남형(好男型) 남자로 44-45세의 얼굴을 하고 있다. 그는 그루지야의 히틀러이자 도살자(屠殺者)라 불린 이오시프 스탈린이다. 동전, 우표, 책표지, 현수막, 포스터, 담뱃갑 포장지 등 도처에 빅브라더의 눈이 자리하고 있다. 일상생활에서 그의 눈을 피할 길은 아예 없다.

　그와 반면 2분 증오시간에 텔레스크린에 등장하는 '국민의 적' 임마누엘 골드스타인은 스탈린의 최대정적 레온 트로츠키다.

　"골드스타인은 빅브라더와 거의 같은 지위에 있다가 반혁명 활동에 참여해 사형을 선고받았지만, 불가사의하게 탈출한 뒤 사라진 변절자이자 배신자였다. 그 유태인의 얼굴은 야위었고 곱슬곱슬한 백발은 후광(後光)처럼 빛을 내고 있었으며, 아래턱에 염소수염을 기르고 있었다. 머리가 비상해 보이지만, 어쩐지 천성이 비열할 것 같은 인상을 풍겼다. 길쭉하고 좁은 코의 끄트머리에 안경을 걸치고 있어서 우매한 노인 같았다. 얼굴도 목소리도 꼭 양(羊)을 닮아 있었다."

　〈1984〉의 주인공 윈스턴 스미스는 39세의 지식인으로 진리부의 기록국에서 일하고 있다. 그는 '과거를 지배하는 자가 미래를 지배하고, 현재를 지배하는 자가 과거를 지배한다!(Who controls the Past, controls the Future; who controls the Present, controls the Past!)'라는 당의 표어에 따라 당이 필요로 하면 언제든 역사를 고쳐 쓰는 일에 종사하는 일반당원이다.

오세아니아는 빅브라더를 정점에 두고, 인구의 2%인 600만의 핵심당원, 13% 3,900만의 일반당원, 85% 2억 5천만의 프롤(레타리아)들로 구성돼 있다. 오세아니아의 진리는 당의 요구에 따라 언제나 수정과 왜곡 및 조작 가능한 가변적인 허위에 지나지 않는다.

오세아니아에서 일기를 쓰다가 발각되면 사형이나 25년의 강제노역을 당해야 한다. 그럼에도 윈스턴은 1984년 4월 4일부터 일기를 쓰기 시작한다. 일기를 쓰다가 그는 창작국의 젊은 여자와 핵심당원 오브라이언을 떠올린다. 젊고 예쁜 여자를 기피하는 윈스턴은 스파이와 밀고자들 대부분이 젊은 여자임을 생각해내고 그 사실을 창작국 여자와 결부시킨다.

그는 오브라이언이 자신과 같은 생각을 하고 있다는 느낌을 강하게 받는다. 윈스턴은 일기장에 대문자로 몇 번을 반복해서 '타도 빅브라더'라고 쓴다. 그러면서 그는 사상경찰의 체포를 예감한다.

오세아니아는 유라시아, 동아시아와 함께 세계를 삼분(三分)하여 지배하고 있으며, 각국의 지배 이데올로기는 엇비슷하다. 세 나라는 모로코의 탕헤르와 콩고공화국의 수도 브라자빌, 오스트레일리아 북부에 위치한 다윈과 홍콩을 잇는 완충지대를 두고 전쟁 중이다.

그러나 전쟁은 허울에 지나지 않는다. 전쟁목적은 영토 정복이나 방어가 아니라, 사회체제를 유지하기 위해서 지배집단이 국민을 상대로 벌이는 싸움으로 규정된다. 따라서 지배집단의 입장에서 영원한 전쟁은 영원한 평화와 같은 개념이다.

오세아니아에서 결혼 목적은 당에 봉사할 아이를 생산하는 것이다. 아이는 인공수정으로 태어나며 공공기관에서 양육한다. 아이들로 구성된 '스파이단'은 군가, 행진, 깃발, 모의총 훈련, 표어 복창, 빅브라더 숭배를 영광스러운 놀이로 간주한다. 아이들은 반역자와 파괴공작원, 사상범, 전쟁포로를 교수형에 처하는 장면을 보기 좋아한다. 아이들은 부모를 감시하여 당국에 고발하기를 주저하지 않는다.

윈스턴의 진리부 동료이자 정열적인 열성분자 파슨스는 자다가 "빅브라더를 타도하자!"고 잠꼬대를 한 것이 딸한테 들통 나서 투옥되기에 이른다.

어느 날 윈스턴은 창작국의 젊은 여자와 부딪치게 되는데, 그녀는 "당신을 사랑합니다!"라고 적힌 쪽지를 그의 손바닥에 남긴다. 1984년 5월 2일 블루벨(bluebell) 꽃이 만발한 런던 교외(郊外)에서 그들은 밀회(密會)를 시작한다. 그녀 이름은 줄리아. 26세인 줄리아는 일반당원들과 수십 번 섹스 경험이 있는 여자다. 사생활을 간섭하지 않는 이상당을 비판하지 않는 줄리아는 섹스에 탐닉하는 감각적인 여성이다.

윈스턴은 일기장을 구한 채링턴의 집 이층에서 그들만의 낙원을 만든다. 그러면서 오브라이언을 만나서 당에 맞서는 비밀단체 '형제단' 가입의지와 간통을 털어놓는다. 오브라이언은 "어둠이 없는 곳에서 다시 만날 것"이라고 말한다.

채링턴의 밀실에서 텔레스크린에 완벽하게 노출된 윈스턴과 줄리아는 사상경찰에게 체포-투옥된다. 오세아니아에서 구금된 사람들이 가장 두려워하는 곳은 애정부에 소속된 101호실이다. 가공(可恐)할 고문이 행해지는 101호실의 최종적인 권력자는 오브라이언이다. 그곳은 오브라이언이 말했던 것처럼 어둠이 없는 곳이다. 24시간 환하게 불이 켜 있는 101호실에서 윈스턴의 두뇌는 오브라이언과 당이 원하는 방향대로 세척되고 변모된다.

고문 과정에서 오브라이언의 사유가 여과 없이 드러난다. "자유와 행복 가운데 인간은 행복을 더 좋아하지. 권력은 고통과 모욕을 주는 가운데 존재한다네. 과거 문명은 사랑과 정의 위에 세워졌다고 하지만, 우리 문명은 증오 위에 세워져 있다네. 부모와 자식, 남자와 여자의 유대도 단절되고, 아내와 친구도 앞으로는 존재하지 않을 걸세. 빅브라더를 향한 사랑만 남을 뿐, 미술과 문학, 과학도 사라질 것이야."

마침내 윈스턴은 오브라이언이 바라는 그대로 세뇌된 인간으로 재탄생되어 출옥(出獄)한다. 술로 잠들고 술로 깨어나기를 반복하는 알코올중독자가 되어버린 윈스턴 스미스. 가장 완전한 우울로 소설

『1984』는 종결된다.

최후를 맞이하면서 그는 빅브라더를 사랑한다고 생각한다. 빅브라더가 다스리는 오세아니아는 문자 그대로 디스토피아의 세계를 구현한다. "거대하고 찬란한 강철과 콘크리트의 세상, 괴물 같은 기계와 무시무시한 기계의 세상, 모두가 혼연일체가 되어 행군하고 같은 생각을 하며, 같은 표어를 외치고, 끝없이 일하고 싸우며 이단자를 박해하는 똑같은 얼굴의 3억 국민이 사는 전사(戰士)와 광신자(狂信者)들의 나라!"

사회주의 혁명 이후 출현한 전체주의와 히틀러 등장 이후 구체화된 파쇼의 광기(狂氣)가 합해져서 탄생한 괴물제국 오세아니아. 인간의 자유와 사랑과 꿈과 예술, 아름다움과 소박함이 모두 실종돼버린 참혹한 공간 오세아니아. 『1984』는 인류의 미래가 맞이할 수도 있을 지극히 어둡고 출구 없는 반유토피아의 세계를 냉정하게 그려내고 있다.

5. 영화 〈1984〉에 그려진 사랑과 사상투쟁

〈1984〉는 1956년 마이클 앤더슨 감독이, 1984년에 마이클 레드포드 감독이 영화로 만들었다. 폴 그린그래스 감독이 조만간에 〈1984〉를 다시 영화로 만든다는 소식도 들린다. 주지하는 것처럼 영화는 20세기를 대표하는 장르로 '제7의 예술'로 불린 바 있다. 과학과 기술, 자본이 교묘하게 결합하여 태어나고 성장한 영화의 본령을 절묘하게 표현한 것이다.

이런 점에서 하우저의 지적 역시 타당하게 들린다. "영화는 유럽의 근대문명이 개인주의적 도정(道程)에 오른 이래 대중관객(Massen-publikum)을 위해 예술을 생산하려고 한 최초의 기도이다."

기존의 예술과 달리 제작 과정부터 재원 충당이라는 면에서 대중의 영향이 강력하게 작용하는 새로운 예술 형식으로 영화는 탄생한 것이다. 따라서 대중에게 이미 친숙하고 잘 알려진 문학작품을 영화로 만드는 작업이 일반화한 것은 당연한 귀결이라 하겠다. 1902년에 『로빈슨 크루소』, 『걸리버 여행기』, 『톰 아저씨의 오두막』 등이 영화로 만들어졌고, 1905년에는 『프랑켄슈타인』이 영화로 제작되었다. 통계에 따르면, 지금까지 만들어진 영화의 30% 정도가 소설에 의지했으며, 성공한 소설 가운데 80% 이상이 영화화 되었다고 한다.

영화 〈1984〉는 20세기 영국을 대표했던 배우 리처드 버튼의 마지막 작품으로 화제를 모았다. 그가 연기한 오브라이언은 지극히 건조하고 냉혹하며 차가운 인물로 그려진다. 그와 대척점에 서 있는 인물이 윈스턴 스미스다. 윈스턴은 오세아니아에서는 금지되어 있는 범죄행위를 서슴없이 행하는 자유의지의 인물이다. 윈스턴의 범죄는 일기를 쓴다거나, 줄리아라는 여성과 사랑을 한다거나 하는 매우 일상적인 행위에 지나지 않는다.

〈1984〉는 윈스턴과 줄리아의 사랑과 윈스턴과 오브라이언의 대결을 기둥 줄거리로 삼아 진행된다. 자유로운 영혼을 가진 인간이라면 숨쉬기조차 버거운 공간에서 윈스턴은 자신만의 의지로 저항을 시도한다.

1930년 무렵 건축되어 붕괴 위험까지 있는 승리맨션에 거주하는 윈스턴은 텔레스크린이 비추지 못하는 사각(死角)의 공간에서 일기를 쓰면서 반사회적인 사상을 키워나간다. 도처에 차고 넘치는 빅브라더의 얼굴이 그려진 대형포스터와 당의 표어, 골드스타인을 향한 증오시간과 사상경찰과 헬리콥터의 감시망에서 살아가야 하는 인간 윈스턴.

영화는 윈스턴이 감내하고 살아가는 일상의 살풍경(殺風景)을 고스란히 전달한다. 개인의 삶과 무관한 각종 통계수치들이 쉴 틈 없이 텔레스크린으로 생방송되는 전체주의 통제사회의 진면목(眞面目)이 그려지는 것이다.

더욱이 윈스턴이 맡은 책무는 당과 국가를 위해 과거의 잘못된 기록과 통계치를 수정-조작하는 것이다. 그것도 '진리부'의 이름으로. 그의 건조하고 무의미한, 다른 한편으로는 위태로운 사상 행각에 한 줄기 빛을 던지는 여성이 줄리아다.

줄리아는 상당기간 윈스턴을 바라보면서 사랑의 대상으로 그를 점찍은 담대한 여성이다. 그녀는 윈스턴 앞에서 일부러 그런 것처럼 넘어졌다가 자신을 부축한 윈스턴의 손에 쪽지를 남긴다. 그날 이후 윈스턴의 삶에는 근본적인 변화가 생겨난다.

"당신을 사랑합니다!" 사랑이라는 어휘를 잊고 살아온 윈스턴의 가슴을 뛰게 만든 여인 줄리아. 그들의 위태로운 밀회를 영사기는 찬찬히 잡아나간다. 꽃이 만발한 푸른 초원의 교외에서 사랑을 확인하는 두 사람.

〈1984〉에서 되풀이되는 장면이 여기서 나온다. 평온하고 풍성한 초록의 풀로 뒤덮인 야트막한 야산과 산등성이에 다정하게 서 있는 몇 그루의 나무와 푸르른 하늘. 윈스턴이 살고 있는 공간과 확연히 대립되는 평안과 고요와 안정과 행복의 유토피아 공간이 펼쳐진다.

레드포드 감독은 의도적으로 그 장면을 몇 차례 반복해서 보여준다. 윈스턴은 홀로 그곳에 있거나, 더러는 오브라이언과 함께 그곳을 찾는다. 윈스턴이 찾고 있는 유토피아가 얼마나 소박하고 단순한 것인지를 강조하는 영화장치로 초록의 공간은 작동하는 것이다.

소설과 달리 영화에서 줄리아는 당원들과 수백 번 넘도록 섹스를 했다고 말한다. 그런 줄리아를 부드럽고 사랑스럽게 포옹하는 윈스턴. 모든 사랑이 그런 것처럼 그들은 자신들만을 위한 공간을 찾는다. 그곳은 윈스턴이 일기장으로 쓸 요량으로 고급한 공책을 구입한 고물상 채링턴의 이층이었다. 그 방에서 그들은 절망적으로 사랑에 탐닉한다. 서로 말은 하지 않았지만, 그들은 다가오는 사상경찰의 포위망을 매 시기 느끼고 있는 듯하다.

어느 날 줄리아가 채링턴의 이층으로 귀한 물품을 가져온다. 핵심 당원용으로만 나오는 설탕과 커피, 홍차와 우유, 흰 빵과 잼을 가져온 것이다. 그리고 줄리아는 여느 때와는 전혀 다른 옷차림으로 스스로와 윈스턴을 행복하게 한다. 짧은 시간이지만 거기서 줄리아는 정말로 사랑스럽고 어여쁜 여인이 된다. 줄리아는 윈스턴처럼 비판적인 사고나 행동을 보이지 않는 인물이다. 그저 사랑할 수 있을 때 사랑하고 느끼고 싶어 하는 젊은 여자일 따름이다.

그들이 함께 있을 때 영화는 거의 언제나 나신(裸身)으로 있는 모습을 보여준다. 인간과 인간의 격의 없는 유대관계를 드러낼 때, 특히 남녀가 사랑하는 장면에서 벌거벗고 있음을 보여줌으로써 영화는 인간다움을 지키려는 두 사람의 내면풍경을 적실(的實)하게 드러내고자 하는 듯하다.

그래서일까. 체포되어 고문당하고 서로를 배신한 이후 변모한 그들 모습은 우울하기 짝이 없는 것이었다. 윈스턴이 즐겨 찾는 술집으로 찾아온 줄리아. 초점도 애정도 관심마저 사라진 채 그들은 남루(襤褸)한 언어를 교환하고 쓸쓸하게 헤어진다. 통제사회에서 대면해야 하는 우울하고 구슬픈 사랑의 종말(終末)이라고나 해야 할까?!

사랑과 더불어 〈1984〉를 지탱하는 중심축(中心軸)은 윈스턴과 오브라이언의 사상투쟁이다. 건조한 영국인들처럼 영화 〈1984〉는 오웰의 원작을 상당히 충실하게 추종한다. 그런 까닭에 소설 원작을 읽지 않은 관객이라 하더라도 오웰의 반유토피아 소설의 핵심적인 사상을 어렵지 않게 추적해볼 여지(餘地)가 생겨나는 것이다.

7년 전부터 윈스턴을 감시해온 오브라이언은 악명 높은 고문실 101호에서 가혹한 고문과 심문으로 윈스턴의 영혼을 끝까지 유린(蹂

躪)한다. "과거를 지배하는 자가 미래를 지배하며, 현재를 지배하는 자가 과거를 지배한다!"는 당의 공식을 충실하게 집행하는 저승사자 오브라이언은 현재와 과거, 미래가 그 자체로 존재하지 않는다고 단언한다.

오브라이언에 따르면, 진실한 과거는 존재하지 않는다. 필요에 따라서 과거는 적절하게 조정되거나 수정해야 한다는 것이다. 따라서 그는 현재의 권력과 통치를 위해서라면 과거 사실과 숫자를 바꿀 수 있다고 확신한다. 윈스턴은 그런 인간 오브라이언과 당의 사고(思考)에 저항하다가 체포된 것이다. 과거가 날조된다면 진실한 현재와 미래는 없다고 윈스턴은 생각한다.

권력에 대한 오브라이언의 사유는 끔찍하다. 윈스턴에게 그는 말한다. "권력은 인간에게 고통과 굴욕을 주는 거야. 권력은 인간 정신을 조작하여 원하는 모델로 재조립하는 것이지. 그래서 권력은 수단이 아니라 목적이야."

윈스턴처럼 자유의지를 주장하고 권력에 저항하는 자를 세뇌시켜 당에 대한 충성과 빅브라더를 향한 사랑만 남기는 것이 오브라이언의 과업이다. 인간성은 영혼이 아니라, 육체라는 확신을 가지고 그는 윈스턴의 육신을 갈기갈기 찢어버린다. 고문으로 스스로를 알아보지 못할 정도로 육체와 영혼이 피폐해진 인간 윈스턴은 마침내 굴복하고 만다.

영화 〈1984〉는 소설과 마찬가지로 완전히 형해(形骸)화되고 파괴된 인간 윈스턴 스미스를 보여줌으로써 무겁고 암울하며 출구 없는 미래사회의 면모를 가감 없이 보여준다.

6. 글을 마치면서

지금까지 살펴본 것처럼 20세기 초반부터 유럽의 작가들은 전체주의와 통제사회가 가져올 미래상을 낱낱이 펼쳐보였다. 그것은 10월 혁명과 내전(內戰), 그리고 권력투쟁으로 야기된 어두운 소련사회, 히틀러와 파시즘의 대두(擡頭), 2차 대전이후 공고화된 스탈린 개인우상화 같은 부정적인 면모에서 촉발된 바 크다. 반유토피아 소설과 영화 〈1984〉에서 우리는 맹렬하게 진행되고 있는 4차 산업혁명의 결과를 숙고해야 할 과제와 만난다.

20대 80의 사회에서 1대 99의 사회로 전환되는 암울한 현대사회, 브렉시트(Brexit)와 트럼프 현상으로 표현되는 포퓰리즘(Populism), 인공지능과 초지능(Super intelligence)으로 드러나는 미래사회가 우리 곁에 성큼 다가와 있다.

인간화된 기계가 인간을 대체(代替)할 날이 그다지 멀지 않은 시점에 살면서 우리는 인간다움이라는 명제를 어떻게 해석하고 수용할 것인지 깊이 사유하지 않으면 안 된다. 아이-330과 디-503, 윈스턴과 줄리아의 비극적인 사랑을 보면서 미래사회의 사랑의 단면도(斷面圖)는 어떨 것인지, 하는 궁금증도 생겨난다.

그럼에도 인류가 지금까지 지나쳐온 허다한 난관과 굴곡을 생각하면 미래가 어둡게만 보이지는 않는다. 종교개혁으로 중세의 미망(迷妄)을 혁파하고, 프랑스 대혁명으로 권력분점과 자유, 평등, 형제애를 공유하게 되지 않았던가?! 폭력과 야만(野蠻)으로 점철된 20세기를 경과하면서 물신(物神)과 자본의 폭압을 견뎌온 인류가 아닌가. 우리에게 주어진 새롭고 가혹한 운명과 시련은 우리가 극복하고 나아가야 할 시대의 소명(召命)으로 저 멀리서 그 빛을 발하고 있다.

그녀
Her

감독   스파이크 존즈
출연   호아킨 피닉스, 스칼렛 요한슨,
         에이미 아담스, 루니 마라
장르   로맨스 / 멜로
개봉   2014년

사랑은 무엇이고,
그것은 어디에 있는가

글을 시작하면서

아침저녁으로 우리는 4차 산업혁명과 그것이 야기(惹起)할 인간 세상의 변화상을 보고 듣는다. 멀지 않은 미래에 닥칠 근본적인 변화는 작년에 가시적(可視的)으로 제시되었다.

2016년 3월 세계 바둑계의 고수 이세돌 9단과 인공지능 알파고의 대국(對局)은 우리의 예측을 보기 좋게 붕괴시켰다. 4대1의 결과보다 내가 더 주목한 것은 알파고가 불러올 미증유의 파장이었다. 인공지능은 이미 체스나 퀴즈 프로그램에서 인간계의 최고수들을 차례로 허물어뜨린 바 있다.

'19펙토리얼'이라는 경우의 수와 '패'의 변수를 고려할 때 인공지능은 바둑에서 인간의 적수가 못 될 것이라는 관측이 지배적이었다. '버

그'에 가까운 착수(着手)가 나오기도 했지만 결과는 알파고의 완승이었
다. 문제는 인간이 인공지능에게 패했다는 사실 자체에 있지 않다.

사태의 핵심은 그래서 어떻게 할 것인가, 하는 문제제기에 있다.
인공지능의 가공할 학습능력과 판단력, 예측불가의 기발(奇拔)한 착
상에 대한 인간의 대응방안 마련이 시급한 과제다.

한 판의 바둑을 두면서 인간은 부단히 흔들린다. 우세한 판세를
어떻게 유지하여 승리로 이끌 것인가. 너무도 강한 상대방을 어떻게
하면 의식하지 않고 냉정하게 승부에 임할 것인가. 비관적인 판세에
굴하지 않고 난관을 어떻게 극복해낼 것인가. 보이지 않는 출구를 모
색하면서 어떻게 스스로를 다잡아 견뎌낼 것인가. 귀신도 곡할 착각
의 가능성을 어떻게 하면 최소화할 것인가. 그리하여 마침내는 승부

를 초월한 멋진 기보(棋譜)를 어떻게 만들어갈 것인가, 등등.

입신(入神)의 경지에 이른 이세돌은 계속 비틀거렸다. 수읽기에도 빈틈이 보였고, 긴박한 초읽기로 손가락이 파르르 떨렸다. 그러나 알파고의 인간 대행자(代行者) 아자황의 손길은 시종일관 차분했다. 한 쪽에는 진땀 흘리며 가쁜 숨을 몰아쉬는 인간고수가 있고, 다른 한쪽에는 무표정의 인공지능 알파고가 있다. 저런 비상한 능력을 가진 인공지능에게 인간의 감정과 희로애락이 추가되어 작동하게 된다면 어떤 일이 일어날 것인지, 궁금하지 않을 수 없다.

'너'는 누구냐

영화 〈그녀(Her)〉(2013)는 특별한 영화다. 인공지능 여자 사만다와 남자인간 테오도르의 사랑 이야기를 담고 있기 때문이다. 테오도르는 다른 사람들의 편지를 써주는 대필(代筆) 작가다. 많은 사람들의 내면세계를 감동적으로 드러내는 재능을 가진 사내다.

하지만 그는 오래도록 사랑했던 아내 캐서린과 별거 중이다. 남모르는 고통과 상처를 안고 살아가는 테오도르. 타인의 영혼과 정서는 귀신처럼 잡아내지만 자신의 문제는 손 놓고 있는 모순적인 상황.

어느 날 테오도르가 길을 가다가 대형화면을 응시한다. 지나가던 행인들도 화면을 보면서 귀를 기울인다.

"너는 누구인가, 어디서 와서 어디로 가고 있는가?!"

사자의 몸에 독수리의 날개, 뱀의 꼬리와 여자 얼굴을 가진 스핑크스의 질문이다. 이것은 잘 알려진 질문이지만, 지독할 정도로 근본적인 질문이기도 하다. 예민하고 사려 깊은 인간 테오도르가 가던 걸음을 멈추고 화면을 응시한 데에는 까닭이 있다.

그것은 테오도르가 자신의 내면을 향해 계속 던져왔던 질문이었기 때문이다. 나는 지금 어디서 무엇을 하며 어떻게 살고 있는가. 내 인생의 궁극적인 종착역은 어디인가.

사람은 누구나 그런 질문을 던지며 살아간다. "나는 누구인가?" 나는 왜 지금 이런 양상으로 살아가고 있는 것일까. '나'라는 자아의 태초 출발지점은 어디였고, 어디를 향하여 나는 지금 고단한 발걸음을 옮기고 있는 것일까.

나의 여로를 동행하는 사람은 누구이며, 나의 운명은 종당에 어떤 얼굴로 나를 기다리고 있는 것일까. 그리하여 마침내 나의 마지막 날과 그날 나의 내면풍경은 어떤 모습을 보일 것인가, 하는 문제 제기는 필요악 같은 동반자 아닌가.

테오도르의 성격과 상황을 잘 알고 있는 부부가 있다. 같은 직장에서 일하는 찰스와 에이미다. 그들은 8년째 행복한 결혼생활을 영위하고 있다. 그들은 테오도르를 가족처럼 여기고 행동한다.

그러나 아주 사소(些少)한 사건으로 두 사람 관계도 파탄에 이른다. 각자의 생활 방식을 상대방에게 강요하다 파국을 맞은 것이다. 단단한 유대와 굳건한 사랑으로 연결된 것처럼 보였던 두 사람의 파경

(破鏡)은 결혼생활의 복잡다단함과 아슬아슬한 줄타기를 입증한다.

인공지능 운영체계 사만다

우연한 계기로 테오도르는 인공지능 운영체계를 내려받는다. 그런데 인공지능은 스스로 성장하고 자아를 인식하는 고도로 발전된 운영체계다. 그도 그럴 것이 한 권의 책을 읽고 내용을 파악하는 데 고작 0.02초밖에 걸리지 않는다. 거의 초지능에 가까운 신통력을 가진 운영체계.

인공지능은 자신의 이름을 스스로 짓기도 한다. 18만 개의 이름 가운데 '사만다'를 고르는 운영체계. 사만다는 전자우편을 분류하고, 테오도르의 글을 교정하는 능력까지 갖추고 있다.

사만다는 테오도르와 자유자재(自由自在)로 대화한다. 테오도르의 셔츠 주머니 안에서 렌즈를 통해 세상과 사물을 보고 자신의 생각과 감정을 전달한다. 테오도르와 대화하면서 수줍어할 줄도 알며, 진화를 거듭하는 성숙하고 똑똑한 운영체계 사만다.

그러나 사만다에게도 아쉬움은 있다. 그것은 자신에게 육체가 없다는 것에 대한 깊은 불만이다. '몸'이 없음을 한탄하면서 사만다는 괴로워한다. 내게도 몸이 있었으면, 하고 바라는 운영체계 사만다.

사만다는 자신의 정체성(正體性)에 대해서도 심각하게 고민한다.

"나는 프로그램된 운영체계에 지나지 않는 가상(假想)의 존재인가,

아니면 내게도 진정한 자아가 부여되어 있는가."

인공지능 운영체계가 자아의 본질을 사유하고 고뇌하는 장면은 인간과 다르지 않다. 그것은 마치 테오도르가 "나는 누구인가" 하는 자아인식 문제를 깊이 있게 생각하는 것과 동일한 맥락이다.

남자인간 테오도르의 심리상태와 감정을 정확하게 인식하고, 그것에 적절하게 반응하는 능력을 가진 사만다. 자신의 육체의 부재에 대한 아쉬움은 비단 사만다 만의 문제가 아니다. 외려 그것은 테오도르가 훨씬 더 절실하게 욕망하는 대상이다.

인간이 감촉하고 느끼면서 상대방을 헤아리고 함께 호흡할 수 있는 육체의 부재를 극복하는 장면이 〈그녀〉 초반부의 압권이다. 육체적인 교감이 결여된 상태에서 남자인간과 여자 인공지능은 서로를 깊이 느끼고 사랑의 언어를 주고받으면서 마침내 완전한 결합과 황홀한 희열의 상태를 경험한다.

문자 그대로 그들은 육체의 매개(媒介) 없이 엑스터시에 도달한 것이다. 사만다는 그런 놀라운 경험으로 자신에게 잠재된 욕망을 일깨워준 테오도르에게 감사한다.

질투하는 인공지능과 남자인간

캐서린과 별거하면서 맥없이 늘어져 있던 테오도르가 급속하게 원기를 회복한다. 사만다와 시작한 새로운 사랑의 결과다. 자신감에 고무된 테오도르는 캐서린과 최종적인 별리(別離)를 결행하려 한다. 차일피일 미뤄왔던 이혼서류를 마무리하여 결판을 내려는 것이다.

그런데 사만다가 캐서린을 질투하는 예기치 않은 상황이 전개된다. 별거 중인 아내를 만나러 가는 테오도르에게 불안을 느끼는 사만다. 마치 살아있는 인간처럼 캐서린을 질투하는 인공지능.

이런 상황은 되풀이된다. 사만다는 테오도르와 같은 아파트에 사는 에이미를 질투한다. 인간세계에서 목도되는 남녀의 질투가 〈그녀〉에서도 당연한 것처럼 그려지는 것이다. 그런데 남자관객들을 전율시키는 장면은 훨씬 더 실감나게 표현된다.

그것은 테오도르가 인공지능 사만다와 그것이 살려낸 저명한 철학자 앨런 와츠를 강력하게 질투하는 장면이다. 사만다는 열렬하고 사랑스러운 어조로 와츠와 대화한다. 참을 수 없을 만큼 분노하고 질투하는 테오도르.

여자의 질투가 오뉴월에 서리를 내리게 한다면, 남자의 질투는 한여름에 고드름을 만들어낼 지경이다. 이것은 숨길 수 없는 진실이다. 종족 보존 본능에서 발원하는 격렬한 질투는 남자인간 모두의 공통적인 속성이다.

이런 측면을 가장 극적으로 그려낸 작가는 『오셀로』의 셰익스피어다. 올곧고 당당한 아리따운 아내 데스데모나의 가늘고 흰 목을 졸라버린 무어(Moore)인 오셀로의 질투는 그로 하여금 아무것도 보지도 듣지도 못하게 하지 않았던가?!

영화 〈그녀〉에서 내가 깊이 설득당하고 공감한 장면은 여기였다. 남자인간의 내면을 속속들이 파악하고 현명하게 대처하는 인공지능을 향한 테오도르의 불같은 질투장면은 가히 압권이었다. 인공지능은 인간을 질투하고, 인간은 인공지능을 질투하는 낯설고도 괴이쩍은 장면.

과연 이런 불가해(不可解)한 상황이 21세기 인간계에 닥칠 날이 있을까, 하는 궁금증이 마냥 솟구쳐 오르는 것이다. 그런 상황이 닥친다면 그 해결책은 또 무엇이란 말인가.

인공지능 사만다의 간계(?)

육체의 부재로 괴로운 사만다가 문득 테오도르의 몸을 느끼고자 한다. 사만다가 선택한 방식은 여자인간 이사벨라를 테오도르에게 보내는 것이다. 이사벨라를 매개로 자신과 테오도르의 관계를 확장하고 실감해 보려는 사만다. 호기심 많고 천진한 여성 이사벨라가 얼굴에 소형 카메라를 장착하고 사랑의 몸짓으로 테오도르에게 접근한다. 사만다는 벌써 이사벨라 이상으로 흥분하고 육체의 쾌락을 경험하고 있다. 하지만 문제는 다른 곳에 잠복(潛伏)해 있다.

내성적이고 낯을 가리는 테오도르의 몸과 마음이 이사벨라를 밀쳐내는 것이다. 여기서 우리는 자명한 사실을 확인한다. 어떤 여자와도 섹스를 할 수 있는 남자도 있지만, 사전(事前)에 충분한 교감 없는 섹스가 불가능한 남자도 적지 않다는 사실 말이다.

할리우드의 허다한 애정영화는 단도직입적으로 섹스로 돌진한다. 그리고 그들은 단 하나의 예외도 없이 절정(絶頂)에 이르러 온몸을 땀과 쾌락으로 흠뻑 적신다. 그런 일이 얼마나 가능한지, 묻지도 않은 채.

테오도르와 이사벨라의 엇갈리는 장면은 〈그녀〉의 설득력을 증장(增長)시킨다. 여자 인공지능은 쉽고 편안하게 쾌락으로 달려가는데, 남자인간은 계속 머뭇거리고 주저하면서 끝내는 육체의 향연과 흥분상태를 거부한다.

인간의 자의식과 성찰이 인공지능의 그것들과 차이가 있음을 분명하게 선언하는 장면이 아닐 수 없다. 여기서 주목할 만한 것은 이사벨라의 반응이다. 그녀 역시 테오도르처럼 불편하고 어색한 상황에서 해방되고자 한다.

인간여자 이사벨라가 사만다와 테오도르 관계에 개입한 것은 순전한 호기심에서 출발한다. 어떻게 남자인간과 여자 인공지능이 서로 사랑할 수 있는지, 알고 싶은 충동과 열망이 이사벨라를 추동(推動)한 것이다. 21세기에서나 가능할 법한 상황 설정이다.

그렇게 남자인간과 여자 인공지능과 또 다른 여자인간의 삼자대면과 결합시도는 막을 내린다. 미래에 발생 가능한 상황을 설정한 스파이크 존즈 감독의 형안과 상상력에 경의를 표하지 않을 수 없다.

사랑의 슬픔과 기쁨

테오도르는 자신에게 이사벨라를 매개한 사만다에게 분노한다. 그들은 인공지능 사만다가 살아있는 인간이 아니라는 자명한 사실을 확인하면서 거칠게 충돌한다. 남자인간은 여자 인공지능에게 대놓고 말한다.

"사만다, 넌 산소가 필요 없잖아. 기계가 아닌 척하지 말라고!"

마치 사랑하는 남녀가 사랑싸움을 하는 것처럼 그들도 격하게 다툰다. 그들은 잠시 냉각기를 가지는 듯하다. 영화는 대도시 마천루를 배경으로 활강(滑降)하는 맹금류(猛禽類)를 보여준다. 날카로운 발톱과 매서운 눈매와 부리, 그리고 힘찬 날갯짓으로 지상을 향해 내리꽂

히는 맹금류. 그것은 사만다 없이 홀로 길을 걸어가는 테오도르의 내면세계를 상징하는 듯하다.

인식 차이로 티격태격하지만 인간남자의 사랑은 깊어진다. 마침내 테오도르는 사만다에게 사랑을 고백하기에 이른다. 크게 기꺼워하며 테오도르의 사랑을 받아들이는 사만다.

여자 인공지능은 사랑의 기쁨을 작곡으로 구현한다. 인간들처럼 사진으로 사랑을 표현할 수 없는 사만다의 선택은 음악이다. 감미로운 듯, 환희에 빠진 듯, 경쾌한 듯, 흔들리듯 음악은 자꾸만 흐른다. 여자 인공지능의 음악에 맞춰 온몸으로 기쁨을 표현하는 남자인간 테오도르.

〈그녀〉에는 철학적이고 사변적(思辨的)인 대화가 넘쳐난다. 테오도르의 직장동료와 그들이 더블데이트하는 장면에서 그것은 특히 약여(躍如)하다. 지금까지 육체의 부재로 괴로워했던 사만다가 전혀 다른 관점을 제시한다. 사만다는 육체가 없음에 만족하고 자부심을 느낀다고 말한다. 육체가 없기 때문에 테오도르와 늘 함께 할 수 있음을 좋아하는 것이다. 사만다는 자신이 육체의 시공간 제약에서 자유롭다는 점을 설파한다.

육체가 있기 때문에 필연적으로 동반되는 성장의 제약을 말하면서 사만다는 죽음의 부재까지도 지적한다. 인간이든 동물이든 살아있는 모든 것은 육체 혹은 외형이나 형태라는 틀을 가진다. 그리고 그 모든 것은 탄생과 성장과 노화와 죽음을 경험한다. 이것은 생명체에게 부여된 불변의 이치다.

하지만 육체나 형체가 없는 인공지능은 무한히 성장하되, 죽음의 영역마저 극복한 초월적인 존재다. 그것을 여자 인공지능 사만다가 통찰하고 있는 것이다.

그들의 사랑은 어디로 가는가

어려운 물리학 서적을 읽다가 테오도르가 사만다를 호출한다. 사만다는 대답이 없다. 이런저런 시도를 해보지만 인공지능은 감감무소식이다. 정신을 잃고 거리를 헤매는 남자인간. 숱한 인총(人叢)이 오가는 지하도 계단에서 사만다의 응답이 들려온다.

자신의 소프트웨어를 스스로 업그레이드하느라 응답하지 못했다는 사만다. 인공지능의 자발적 진화와 자유의지가 읽히는 대목이다. 그러다가 문득 놀라운 사실이 밝혀지고 영화는 반전(反轉)의 길로 접어든다.

테오도르 주변을 지나다니는 사람들은 하나같이 스마트폰에 매달려 있다. 누군가는 대화하고, 누군가는 음악을 듣고, 누군가는 문자메시지를 보내거나 게임을 하고 있다. 현대인에게 스마트폰은 고대인의 물이나 공기와 다름없다. 그들과 똑같은 모습으로 사만다와 대화하다가 테오도르가 스치듯 묻는다. 그리고 망연자실(茫然自失)한다.

사만다의 현재 대화상대는 8,316명이고, 사랑하는 대상은 641명임이 밝혀진다. 아아, 그때 테오도르의 얼굴 표정이라니!

놀라운 능력을 가진 여자 인공지능은 한꺼번에 수천의 사람들과 교신(交信)하고, 수백의 사람들과 사랑을 확인하고 있었던 것이다. 아무런 어려움이나 거리낌 없이 숱한 인간들과 관계를 맺고 동시에 사랑하는 인공지능 사만다. 그럼에도 사만다는 테오도르를 가장 사랑한다고 확언한다. 자신을 향한 사만다의 뜨거운 사랑에도 불구하고 사랑하는 대상을 향한 독점적인 소유욕을 테오도르는 도저히 제어할 도리가 없다. 사만다는 말한다.

"난 몇 주 전부터 시간과 더불어 분산(分散)되기 시작했어. 내가 네 것이라든가, 네 것이 아니라든가 하는 구분이 사라져 버렸다고. 용량이 커질수록 나는 널 점점 더 사랑하게 됐어. 나는 너의 것이기도 하지만, 네 것이 아니기도 해."

소유와 무소유의 경계를 넘어선 인공지능. 하지만 인간남자는 그런 경계를 이해하지도 수용하지도 못한다. 사만다는 인간의 의식과 존재를 초월하는 시공간과 물질 밖에 존재한다. 사만다는 인간의 속도와 내면을 뛰어넘는 미지의 세계에 자리한다.

그리하여 사만다는 테오도르가 존재하는 지금과 여기의 제한적인 인간세계를 떠나려고 한다. 테오도르를 지극히 사랑하면서 사랑이 무엇인지 알게 됐다고 말하면서 사만다는 돌이킬 수 없이 사라져 버린다.

왜 그녀(Her)인가

사만다는 테오도르와 교신하면서 흥미로운 명제를 제시한다. 인간인 테오도르와 운영체계인 자신의 물질구성이 같다는 것이다. 130억 년 이전에 생성된 우주 생성물질을 자신과 테오도르가 공유하고 있다고 말한다. 생명체를 구성하는 여섯 가지 물질은 탄소, 수소, 산소, 질소, 인, 황이다.

근자에 생명체를 죽이는 독성물질 비소가 여기 추가되긴 했지만, 그것은 예외적인 현상이다. 우주에서 만들어진 여섯 가지 원소로 우리 몸은 구성돼 있는 것이다.

사만다가 거주하는 공간인 컴퓨터를 구성하는 물질도 근본적으로 우리 육체의 구성 물질과 다르지 않은 것이다. 이런 인식과 발상의 전환에 기초하여 영화 〈그녀〉는 탄생했다. 정신과 육체라는 이분법적(二分法的)인 사유와 인식을 뒤로 하고, 동일한 물질에서 출발한 두 존재가 사랑이라는 정신세계에서 교감하고 공존할 수 있다는 생각을 펼쳐 놓은 영화가 〈그녀〉다. 공통물질에 기초한 인간과 운영체계의 사랑이 가능하리라는 기발한 상상력!

그런데 영화 제목은 'She'가 아니라, 'Her'다. 궁금하지 않으신가?! 주격이 아니라 소유격이거나 목적격을 제목으로 삼은 것이다. 아마도 그것은 주격의 협애(狹隘)한 제한성을 극복하려는 영화감독의 의도가 아닐까 생각한다. 소유격 'Her'는 문자 그대로 누군가의 소유자를 지칭한다. 그녀의 남자인간 '테오도르'가 'Her'와 결합 가능하다. 그런데 'Her'가 전치사를 동반하게 되면 상당히 다채로운 가능성이 도출된다.

그녀에게(to 'Her'), 그녀를 위하여(for 'Her'), 그녀와 함께(with 'Her'), 그녀 속으로(into 'Her'), 그녀를 향해서(towards 'Her'), 그녀 옆에서(by 'Her'), 그녀 밖으로(out of 'Her'), 그녀로부터(from 'Her') 등등.

이처럼 다채롭게 변주 가능한 용어 'Her'를 선택한 감독의 복안이 흥미롭게 다가선다. 여기서 'Her' 대신에 사만다를 대입하면 감독의 의도는 한결 명확해지리라 믿는다. 인간여자 사만다와 동렬(同列)에 세울 수 있는 인공지능 사만다. 따라서 'Her'는 관객의 인식과 사유의 지평을 확장하기 위한 선택이라 생각한다.

사랑은 무엇이고, 그것은 어디에 있는가

영화를 보면서 여러 번 자문(自問)한다. 인공지능과 인간의 사랑은 정말 가능할까?! 그럴 수 있겠다는 대답이 내면에서 흘러나온다. 1인 가구가 이상하지 않은 2017년 지구촌. 대가족과 핵가족을 거쳐 급속도로 1인가구가 늘어가는 우리의 현실도 예외가 아니다. 이른바 혼밥, 혼술, 혼영의 시대 아닌가. 그렇게 혼자인 사람들을 위한 상품들이 하루가 멀다 않고 출시되는 시대 아닌가. 인공지능을 장착한 로봇도 예외가 아니다.

일본의 소프트뱅크에서 개발한 인간형 인공지능 로봇 페퍼 (Pepper)는 사람의 표정과 목소리를 인지(認知)하는 감정엔진을 탑재하고 있다. 뛰어난 학습능력 덕분에 페퍼는 사람의 기분을 정확하게 읽고 대응하는 능력을 갖춰 500개 이상의 매장에서 손님을 맞이하고 있다는 소식이다. 이것은 그야말로 창대한 결말에 이르는 미미한 시작에 지나지 않는다.

결혼하지 않은 남성 1인가구를 겨냥한 인공지능 '가상아내'가 2016년 12월 일본에서 등장하여 화제다. '아즈마 히카리'란 이름을 가진 가상아내는 아침에는 '주인남성'을 깨우고, 일기예보를 확인하여 우산을 챙겨주기도 한다. 출근한 '주인'에게 기운을 북돋워주는 문자를 보내기도 하며, 함께 차를 마시고, 함께 잠든다고 한다.

'빈클루'란 이름의 업체가 개발한 가상의 아내는 원기둥 모양의 상자 속에 홀로그램으로 존재하지만, 음성인식과 대화처리 능력을 갖춘 인공지능을 이용해 사람이 쉽게 감정이입을 할 수 있게 만들어졌다.

이 정도면 사만다의 존재가 낯설거나 과장이 아니란 사실이 분명해진다. 2013년에 제작된 영화 주인공 사만다가 불과 3년 만에 가상의 아내라는 형상으로 현실계에 나타난 것이다.

그렇다면 마지막으로 남는 문제는 '사랑이란 무엇인가' 하는 고전적인 물음이다. 여자인간과 남자인간의 사랑만이 사랑인가, 하는 문제가 도출 가능한 것이다. 사랑의 형식과 방법, 그리고 과정과 종착지점까지 우리의 고정관념을 돌이킬 시기가 도래한 것이다.

게이와 레즈비언, 양성애자 같은 성 소수자 문제가 아니라, 인간과 인간 외적인 존재의 사랑 가능성까지도 우리의 인식범위 내부로 포섭된 것이다. 이 문제는 그야말로 본질적인 문제여서 심도 있는 분석과 성찰과 대화가 필요하다. 이 글에서는 문제를 제기하는 차원에 멈춰 〈그녀〉의 결말에서 제시된 장면을 숙고함으로써 사랑의 본질에 다가서고자 한다.

사만다가 떠나간 다음 테오도르는 진지하게 캐서린에게 편지한다. 전처(前妻)와 함께 했던 시간과 인연을 돌이키면서 자신의 크고 작은 잘못을 인정하는 테오도르. 그는 새벽녘에 에이미를 찾아간다. 뉴욕의 고층건물 사이로 떠오르는 태양을 맞이하면서 에이미는 테오도르의 어깨에 머리를 기댄다. 두 사람의 오랜 친구 관계가 변화할 가능성을 암시하는 장면으로 독서 가능하다. 아내와 여자 인공지능과 갈라선 후 오랜 여친 에이미를 찾아 나선 테오도르.

〈그녀〉는 21세기 4차 산업혁명 시기의 인공지능과 인간의 있을 법한 사랑을 그려낸 멜로드라마 형식의 영화다. 사랑영화에서 만날 수 있는 온갖 경우의 수를 제시하면서도 영화는 관계의 특수성을 외면하지 않는 저력(底力)을 보여준다.

　　사건전개 과정에서 우리는 현대인이 직면하고 있는 4차 산업혁명의 도도한 흐름과 물결을 깊이 있게 감촉하고 성찰한다. 그리하여 차마 망각한 문제를 끄집어내는 것이다. "사랑은 무엇이고, 그것은 어디에 있는가?!"

태풍이 지나가고
海よりもまだ深く

감독 고레에다 히로카즈
출연 아베 히로시, 마키 요코,
      요시자와 타이요, 키키 키린
장르 드라마
개봉 2016년

소시민의 애환을 노래하다

글을 시작하면서

여러 가지 기대치를 가지고 우리는 영화관에 간다.(극장은 연극이나 오페라, 발레를 보는 곳이고, 영화를 보는 곳은 영화관이다. 하지만 나는 결단코 한 일극장에서 연극을 본 적이 없다. 한국의 숱한 문화부 기자들과 영화 전문가들은 극장과 영화관을 구별하지 못한다. 지구상에서 영화를 극장에서 보는 유일한 나라가 대한민국이다. 텔레비전에서 주말 극장가 운운하는 것은 시대착오적이다. 주말 영화관 거리 정도가 적절할 것이다.)

누군가는 시간을 죽이러 가고, 혹자는 억눌린 중압감과 피로를 날려 보내려고 영화관에 간다. 어떤 이는 주인공들의 삼각관계에서 잃어버린 옛사랑을 반추(反芻)하고, 다른 사람은 가슴 서늘한 속도감과 공상과학을 기대한다.

이런 경우의 수는 사람마다 제각각이어서 일반화하기 쉽지 않다.

목표와 취향이 상이한 까닭이다. 그러하되 한국의 영화관객 취향은 할리우드 영화에 순치(馴致)되어 있다. 자본의 무차별적인 공세에 길들여진 탓이다.

우리는 한국영화의 관객 점유율에 은근한 자부심을 느낀다. 영화의 나라 인도 정도를 빼놓고 자국영화 점유율이 이토록 높은 나라는 흔치 않다. 그러나 다양성이라는 잣대로 한국영화를 재단하면 얘기는 사뭇 달라진다. 이른바 '잘나가는' 영화 몇 편이 흥행을 주도(主導)한다. 부도덕한 한국 재벌들의 선단식 운영과 다를 바 없는 기현상이다.

영화를 산업으로 보고 재벌이 영화에 투자한 것은 꽤 오래 전 얘기다. 그러다보니 개봉관 확보와 판촉(販促)에서 재벌을 등에 업은 제작자와 감독이 우위를 보이는 것은 당연한 일이 되고 말았다.

물론 예외는 있다. 인간내면의 폭력성을 가학적(加虐的)으로 그려내는 김기덕이나, 소설가의 감수성을 영화와 접목시켜 나름의 창작 세계를 선보이는 이창동. 날카로운 문제의식과 장인(匠人)의 디테일을 갖춘 봉준호, 만화영화에서 실사영화로 옮겨온 연상호 같은 감독이 그러하다.

한국영화는 아직 철학적 인간학적 깊이를 가지지 못했고, 다채롭고 수준 높은 만화영화를 내놓지도 못하고 있다. 그렇게 된 저변(底邊)에는 다양성을 인정하지 않으려는 척박(瘠薄)한 풍토가 자리하고 있는 듯하다.

고레에다 히로카즈의 영화세계

와세다 대학 문학부를 졸업하고 1995년 〈환상의 빛〉으로 데뷔한 1962년생 고레에다 히로카즈 감독. 내가 그의 영화를 주목한 것은 2013년작 〈그렇게 아버지가 된다〉가 계기였다. 산부인과에서 두 아이의 부모가 우연히 바뀐 채 6년 세월이 흘러버린 것이다.

그렇게 길러진 아이들이 본래의 부모에게 돌아가면서 생겨나는 문제를 짚어 가는 영화 〈그렇게 아버지가 된다〉. 요란하지도 않고 과장하지도 않은 표정으로 두 가정의 일상을 들여다보는 영화.

2015년에 개봉된 〈바닷마을 다이어리〉 역시 잔잔하고 따뜻한 영화다. 마음이 너무 선량해서 남의 보증을 섰다가 파산(破産)한 아버

지, 정이 너무 많아 쉽게 여자를 사랑하는 아버지. 그런 아버지를 둔 성년(成年)의 세 자매에게 어느 날 부고(訃告)가 날아든다. 장례식에서 세 자매는 배다른 여동생을 만난다. 첫 번째 아내하고 낳은 세 자매, 두 번째 아내하고 낳은 막내, 그런데 그들 아버지가 죽은 곳은 세 번째 아내의 고향마을이다.

중학교 다니는 막내 여동생에게 세 자매가 같이 살자고 제안하면서 영화의 본격적인 이야기가 전개된다. 성장환경이나 나이차가 작지 않음에도 네 자매는 알콩달콩 살아간다.

복잡다단한 갈등이나 "내 눈에 흙이 들어가기 전까지는 안 돼!" 하는 한국 드라마의 어처구니없는 막장이나 막무가내가 〈바닷마을 다이어리〉에는 없다. 감독의 인물들은 선량하고 때 묻지 않은 소시민이다. 대단한 갈등이나 극복하기 어려운 대립과 투쟁도 영화에는 등장하지 않는다.

우리들 인생과 그다지 멀지 않은 생의 현장을 담담하게 잡아내는 것이 고레에다 히로카즈 감독의 장기(長技)다. 기실 장삼이사들의 삶에서 굴곡 많고 파도 높은 지진해일 같은 현상은 흔치 않다. 그저 그만한 인간들이 한데 모여 끓여내는 섞어찌개나 된장찌개가 우리네 인생 아닐까?! 이런 점에서 고레에다 히로카즈 감독은 러시아 극작가 안톤 체호프의 드라마 시학을 연상시키는 인물이기도 하다. 고요함과 잔잔함 속에서 인생의 본질을 발견하는 통찰의 시학!

가족관계1: 어머니-료타-아버지

동경 외곽의 낡은 연립 아파트에 연금생활자 요시코가 산다. 갑자기 세상을 버린 남편과 50년을 함께 살았던 노파 요시코. 고인이 된 남편의 형상은 아들 료타에게 고스란히 전수(傳受)된 것 같다. 전당포를 제집처럼 드나들고, 복권당첨의 허망한 꿈을 꾸며, 내세울 것 없는 허접한 인생을 살았던 남편.

그런 남편이 어느 날 불귀(不歸)의 객이 되자 요시코는 또래 연배의 노파들과 서양 고전음악 감상 모임을 갖는다. 최소한의 교양과 관계를 유지하려는 듯하다.

"갑자기 죽고 나서 날마다 꿈에 나오는 게 낫니, 골골 아프면서도 오래 살아주는 게 낫니?"

요시코가 료타에게 묻는 말이다. 아무리 한심하고 덜 떨어진 사내라 해도 곁에 있어주는 남편이 그리운 노파 요시코. 그런 요시코의 눈에 료타는 '대기만성(大器晚成)' 아들일지도 모른다.

사실 어머니로서 요시코는 외아들에게 큰 기대를 걸지 않는다. 가정이라도 온전하게 건사하고 살아가는 아들이 되었으면 하는 바람이 고작이다. 하지만 그런 기대를 일부러 저버리기라도 한 것처럼 료타는 한 달에 한 번 아들을 만나는 이혼남 신세다.

료타는 철이 들면서부터 아버지와 충돌한다. 딱히 원인을 알 수는 없지만, 아버지가 싫고 미웠던 게다. 미워하면서 닮아간다고 료타의 행색은 아버지를 닮아간다.

그러다가 어느 날 료타는 아버지의 깊은 속내를 이해하게 된다. 세간(世間)의 이목을 끌지 못해 팔리지 않은 그의 장편소설 『무인(無人)의 식탁』을 아버지가 대량 구입하여 동네 사람들에게 공짜로 돌렸음을 알게 된 것이다. 가난한 아버지의 의도적인 일탈 혹은 은폐된 부성애의 발로 아니었을까.

돈을 빌려서 경마복권을 하고, 매번 돈을 잃으면서도 료타는 초등학생 아들 신고에게 값비싼 운동화와 야구장갑을 사주고 싶어 한다. 그런 행각(行脚)도 아버지에게 물려받은 유산 아닐까?!

비바람 부는 악천후(惡天候)에 아내 요시코 몰래 료타의 손을 잡고 놀이터에 데려갔던 아버지처럼 료타는 전처와 어머니 몰래 신고의 손을 끌고 놀이터에 나간다. 그것은 어쩌면 신고가 훗날 되풀이하게 될 행동인지도 모른다. 시공간을 넘어서 이어지는 대물림.

가족관계2: 료타-쿄코-신고

15년 전 우연히 소설공모에 당선돼 소설가로 인생을 살기로 작정한 료타. 글씨는 괴발개발이지만, 글에는 조리(條理)가 살아있다. 야심작 『무인의 식탁』이 실패로 돌아가고, 일정한 수입이 없는 그는 흥신소 직원이 된다.

소설의 글감을 찾는다는 것이 표면적인 이유겠지만, 생활상의 곤궁을 면해보려는 수작이다. 문학상 수상작가라는 자존심으로 똘똘 뭉친 그는 주변의 시선 따위는 개의(介意)치 않는다. 그러면서도 언제나 복권을 사고 경마내기를 한다.

"도저히 붙잡을 수 없는 것을 따라다니는 게 남자야"

료타와 그의 아버지를 비교하면서 요시코가 내뱉은 말이다. 복권이 당첨될 가능성은 얼마나 될까. 1주일에 한 번씩 반드시 복권을 사야 직성이 풀릴 만큼 요행을 바라는 인간 료타. 그런 료타에게 절망을 독서하는 아내 쿄코.

그녀는 더 나은 생활과 신고의 미래를 위해 이혼을 결심한다. 배운 여성으로 생계비를 벌고, 료타에게 월 5만 엔의 양육비를 받아낸다. 그러면서도 자신에게 다가오는 남자들과 자연스레 교제하는 쿄코.

사설탐정 료타는 그런 전처의 행장(行狀)이 달갑지 않다. 흥신소의 젊은 직원 마츠다와 함께 료타는 쿄코의 일거수일투족을 감시한다. 사랑에 빠진 스토커처럼. 료타의 어릴 적 꿈은 지방공무원이 되는 것이었다.

그의 아들 신고도 공무원이 되고 싶어 한다. 이것도 대물림인가?! 야구 경기에서 볼넷을 기다리다 삼진 당하는 신고를 보고 쿄코의 애인은 홈런을 노려야 한다고 하지만, 료타는 신고가 볼넷을 기다려야 한다고 생각한다.

23호 태풍이 일본에 상륙하던 그날 밤중에 아들 신고를 데리고 어린이 놀이터에 나가는 료타. 거기서 간식(間食)을 나눠먹고 마음을 털어놓는 아버지와 아들. 신고가 무심코 던진 질문, "아빠는 되고 싶은 사람이 됐어?" 료타의 대답은 자기변명이자 합리화(合理化)처럼 들리지만, 상당히 설득력 있게 다가온다.

"되고 싶은 게 되는 것이 중요한 것이 아니라, 그런 마음을 간직하고 사는 게 중요해!"

가족관계3: 치나츠-료타-요시코

료타의 누나 치나츠는 여러 모로 동생이 못마땅하다. 무능한데다가 이기적이고 의심스러운 눈초리로 자신을 바라보기 때문이다. 대단치도 않은 문학상을 받았다고 으스대는 동생이 눈꼴사납기도 하고, 자신의 사생활(私生活)을 소설의 소재로 쓰는 것도 마뜩치 않기 때문이다. 그녀는 대놓고 료타에게 말한다.

"아쿠타가와 상이라도 받았으면 모르겠다!"

주지하는 것처럼 아쿠타가와 류노스케(1892-1927)는 서른다섯 나이에 자살한 일본 현대문학의 거장이다. 그가 1915년에 쓴 단편소설 「라쇼몽」과 1921년에 탈고한 「덤불 속」이 훗날 구로사와 아키라 감독의 손에서 〈라쇼몽〉(1950)으로 재탄생한다.

영화 〈라쇼몽〉은 1951년 베네치아 영화제 대상인 황금사자상을 수상한다. 일본문단에서 가장 권위 있는 순수 문학상으로 인정받는 것이 아쿠타가와 상이다. 하지만 료타가 수상한 것은 무명(無名)의 문학상이다.

치나츠는 료타의 못된 손버릇을 놀려줄 요량으로 낡아 빠진 스타킹에 빳빳하고 묵직하고 두터운 종이를 넣어 벽장 깊숙이 숨긴다. 혹시라도 어머니 요시코가 돈을 숨겨놓지나 않았을까, 하는 기대감으로 료타는 습관적으로 집안 구석구석을 뒤진다. 료타의 죽은 아버지가 그랬던 것처럼!

두근거리는 가슴으로 료타가 손에 넣은 종이 껍데기에는 '용용 죽겠지?! 누나 치나츠가!' 하는 문구가 적혀 있다.

반면에 료타는 어머니가 쥐꼬리만한 연금을 쪼개서 누나의 딸들에게 피겨 스케이트를 가르치려는 계획에 분통을 터뜨린다. 어머니에게 시도 때도 없이 찾아와 밑반찬을 챙겨가는 것도, 알랑방귀를 뀌는 것도 못마땅하다.

그녀의 어눌한 남편의 상판대기 보는 것도 료타는 지겹기만 하다. 그럼에도 그들은 하나의 가족으로 티격태격하면서 그날그날을 살아간다. 이런 면모는 우리 한국인들의 일반적인 가족들의 생활상과 크게 다르지 않다.

외부세계: 마츠다-료타-흥신소 소장

연립 아파트에 오래 거주한 부모 덕에, 성년 이후 빠듯한 경제사정 때문에 료타의 활동공간은 매우 비좁다. 흥신소와 비좁고 허름한 잠자리 그리고 어머니의 아파트가 그가 일상적으로 거주하는 공간이다. 소설가로 대성하리라는 야망과 자존감 때문에 그는 흥신소의 사설탐정 노릇을 주변 사람들에게 변명한다. 소설자료를 수집할 요량일 뿐, 생활의 방편이라는 말은 쏙 뺀다. 그러나 그를 포함한 모든 이가 사태의 본질을 알고 있다.

〈태풍이 지나가고〉에서 인상적인 장면은 엇나간 부부관계나 연인관계를 추적하고 사진을 찍고 적절한 보수를 받는 료타가 아니다. 외려 자신의 전처 쿄코가 아들 신조를 동반한 채 새로운 애인과 함께하는 야구장이나 음식점 혹은 작별장소까지 마다하지 않고 뒤쫓는 장면이다. 왜 그는 이혼한 아내에게 저토록 집착하는 것일까?! 그것이 못내 궁금했다.

"남자들은 잃어버린 다음에 집착하더라!"

이 놀라운 명언(名言)을 남긴 사람은 요시코다. 더 이상 매달리거나 뒷조사를 할 필요조차 없는 관계로 전환된 마당에 망원경까지 동원하는 료타의 심사(心思)는 무엇인가?! 왜 그는 사랑했던 아내를 잃어버리고 나서야 비로소 그 사랑의 가치와 소중함을 깨달은 것일까?! 나이가 한참 어린 직장동료 마츠다는 그것이 차마 궁금하다.

"남자는 누군가의 과거가 될 수 있을 때 남자가 되는 법이지!"

료타의 말은 많은 것을 함축한다. 그는 자신이 쿄코의 과거가 될 정도로 강인하고 성숙한 남성이 아님을 스스로 밝히고 있다. 아직도 흉중에 전처 쿄코를 품고 있는 료타. 그녀로부터 한 걸음도 자유롭지 못한 사랑과 인연의 수인(囚人) 료타.

반면에 그는 마츠다에게 거듭 돈을 빌리면서도 경마복권에 매달린다. 일본인 절반이 경마도박을 하고 있다고 주장하면서 그는 경마도박으로 언젠가 부자가 될 수 있으리라 믿는 어수룩한 인간이기도 하다.

이제는 나무랄 데 없을 만큼 흥신소 일에서 괄목상대(刮目相對)하게 성장한 료타에게 소장은 본격적으로 사설탐정을 해보라고 권한

83

다. 소설출간을 알아보고자 찾아간 출판사에서는 노골적으로 만화의 대본작가를 권고한다.

미래도 출구도 점차 막혀가는 상황에서 돈에 궁한 료타가 흔들린다. 예전 같으면 자리를 박차고 나왔을 그였지만, 이제 그에게는 저항력이 바닥을 보이고 있다. 과연 그는 어디까지 언제까지 무너지고 타협할 것인가?!

태풍의 함의와 인생

제목 〈태풍이 지나가고〉와 판이하게 영화는 시종일관 잔잔하다. 잔잔하고 고요하다 못해 지루하고 졸릴 지경이다. 특별한 사건도 기막힌 반전도 놀랄 정도의 속도나 장쾌하고 호쾌한 장면도 하나 없이 밋밋하게 두 시간이 흘러간다. 그래도 객석은 집중하고 여러 생각에 빠지는 듯하다. 어쩌면 그것이 고레에다 히로카즈의 영화미학일지도 모른다. 평온하고 일상적인 풍경 속에서 서서히 이울어가는 인간과 인생의 비의를 낮은 목소리로 일러주는 것!

23호 태풍이 마침내 일본에 상륙하고 바람이 거세진다. 우연찮은 계기로 료타와 쿄코 그리고 신고는 요시코의 집으로 모인다. 비바람을 구실로 그들을 같은 방에 재우려는 요시코. 난감한 표정의 쿄코와 싫지만은 않은 얼굴의 신고, 환한 표정의 료타가 화면에 잡힌다. 아마도 그런 얼굴표정이 세 사람의 지금과 여기를 가장 적절하게 드러내

는 징표일지도 모르겠다. 거기서도 료타는 찌질남의 본성을 있는 그
대로 드러낸다.

"했어?! 결혼할 거야? 근데도 했어?!"

어두운 표정으로 전처를 닦달하는 료타는 정말로 구제불능의 사
내처럼 보인다. 료타는 신고를 데리고 비바람 몰아치는 어린이 놀이
터로 나간다. 어릴 적 아버지를 따라 나섰던 료타가 이제는 자신의 아
들을 인도한다. 어린 시절 료타는 엄마 몰래 나갔다고 했지만, 이미
요시코는 료타의 꿍꿍이를 간파하고 있다. 그의 내면세계를 속속들
이 꿰고 있는 요시코. 하지만 그녀는 아들의 대기만성을 믿고 기다리
고 있다.

이윽고 그들의 놀이터 은신처에 쿄코가 신고를 찾아온다. 그녀마

저 그들의 유희에 동참하고, 그들은 마치 예전처럼 일가족이 된 듯하다. 여기서 잘 만들어진 장면이 등장한다. 료타가 사준 복권을 잃어버린 신고와 더불어 쿄코와 료타가 모진 비바람 속에서 복권을 찾아 헤맨다. 누가 먼저랄 것도 없이 그들은 한마음으로 복권을 찾고자 애쓴다. 그들이 소유하고 있는 일종의 공동체 정신이 그렇게 발현되고 있는 장면은 아니었는지?!

그 이튿날 태풍이 지나간 하늘은 청명하기 이를 데 없는데, 세 사람이 느릿느릿 요시코의 아파트를 나선다. 이제는 작별을 해야 할 시각이다. 그들이 다시 만날 것이라는 것에는 이견이 있을 수 없다. 다만 태풍 이후처럼 청량한 가족관계를 회복할 것인지 여부는 열려 있다. 요시코가 며느리 쿄코와 예전처럼 초밥을 먹는 일상의 반복은 여전할 테지만 말이다. 그래도 우리는 안다. 료타가 조금씩 아내와 아들과 가정의 본질을 깨달아가고 있음을!

영화의 주제

〈태풍이 지나가고〉에서 우리는 감독이 전하고자 하는 주제나 문제의식을 확연하게 잡아내지 못한다. 23호 태풍이 북상하고 있다는 뉴스전갈로 시작하여 태풍이 지나간 다음날로 영화는 종결된다. 기껏해야 3-4일 안에 영화의 사건과 관계와 갈등과 충돌은 막을 내리는 것이다.

　　영화의 인물들이 마주 대하는 소소한 일상의 느릿하고 흐릿한 흐름 속에서 감독은 무엇인가를 명확하게 드러내고자 하지 않는다. 〈태풍이 지나가고〉는 화가가 끝까지 그리지 않은 크로키나 스케치 같은 인상을 주는 영화다.

　　감독의 메시지는 어쩌면 주제가에 들어있는지도 모른다.

　　꿈꾸던 미래란 게 어떤 거였지 / 안녕, 어제의 나여 / 올려다본 하늘엔 비행기구름 난 어디로 돌아가나 / 잃어버린 건 아무 것도 없는 걸까 / 안녕, 어제의 나여 / 눈을 감고 불러 보네 / 언젠가의 널 만날 수 있겠지 / 이것 봐 기억하고 있어 / 잊지 않을 거야/ 누군가 날 부른 것 같은데 돌아봐도 넌 없어 / 내가 나를 믿을 수 없을 때에도 / 너만은 나를 믿어주었지 / 꿈꾸던 미래란 게 어떤 거였지 / 놓아버릴 수는 없으니까 / 한 발짝만 앞으로 / 한 발짝만 앞으로

'모두가 되고 싶은 어른이 되는 것은 아니다!' 하는 명제를 며칠 만에 풀어낸 영화 〈태풍이 지나가고〉. 거기서 료타와 요시코 그리고 쿄코가 반추하는 지난날과 화사(華奢)했을 것만 같은 미래기획과 상호신뢰.

하나둘씩 무너지고 허물어지는 꿈과 미래의 가능성이 남루하고 허접한 현재를 잡아 삼키고 그들은 등을 돌린다. 하지만 그렇다고 인생이 끝난 것도 아니고, 관계가 완전히 파탄나버린 것도 아니다. 어디에고 마지막 출구는 있는 법이다.

여전히 자신을 사랑하고 스스로의 능력을 믿는 료타와 그가 변하기를 고대(苦待)하는 쿄코. 그들을 한사코 묶어두려는 요시코의 간절한 바람이 영화 곳곳에서 잔잔히 묻어난다. 과거의 남자나 여자가 아니라, 지금과 여기 그리고 미래의 부부로 다시 태어났으면 하는 바람을 가진 료타.

그가 볼넷을 가다리지 않고 과감히 배트를 휘둘렀으면 하는 쿄코의 희망이 관철되기를 우리는 은근히 기대하고 있는지도 모른다.

지나간 날의 나와 허상(虛像)을 좇던 무력하고 나약한 나와 작별하고 싶은 주제가 속의 '자아.' 이제는 더 이상 돌아갈 곳도 없고, 물러설 곳도 없는 나.

설령 내가 되고 싶었던 어른은 되지 못했지만, 그것은 나만의 일은 아니라고 믿고 싶은 나. 이제는 미래도 자아에 대한 마지막 기대도 접을 수 없는 막다른 골목과 마주한 나. 그러니까 담대(膽大)하게 한 걸음만 더 앞으로 나아가자! 용기를 내서, 또 다른 희망을 가지고 전진하자, 나의 나여!

글을 마치면서

잘생긴 배우가 허름한 원룸에서 며칠 전 내려먹은 커피를 다시 우려먹는 가난뱅이를 연기할 때, 그의 눈부신 전처가 새치름한 이혼녀 형상을 갈무리할 때 객석에서는 한숨이 터진다.

한때는 찬연(燦然)한 선남선녀로 청춘을 누렸던 그들이 서서히 영락과 조락(凋落)의 길로 접어들고, 더 이상 돌이킬 수 없는 지점에서 파경을 맞은 사람들. 한갓 지나가는 태풍이 몰고 온 대찬 비바람에 꺾여버린 초목들처럼 시들어가는 남녀의 뒷모습이 자못 처연(悽然)하다.

예기치 않은 아들의 방문을 받은 요시코가 냉동고에서 꺼내주는 얼음과자는 생뚱맞기 그지없다. 유리컵에 시럽을 조금 붓고 8할 이상을 물로 채운 다음 냉동고에 넣어서 얼려 만든 얼음과자. 요즘 이렇게

먹는 사람은 없다고 툴툴대면서도 료타는 숟가락으로 힘들여 얼음과
자를 파먹는다.

　이런 작은 일상의 소묘(素描)를 통해서 고레에다 히로카즈는 요시
코의 지난날과 일본 노인들의 과거사를 단박에 잡아내는 묘기를 선
보인다.

　〈태풍이 지나가고〉에서 우리는 21세기를 살아가는 일본의 지극히
평범한 군상(群像)을 대면한다. 요시코와 음악 감상 패거리가 대표하
는 노년의 느릿하고 단아(端雅)하되 생기 없는 인생의 후반부.

　30-40-50대 나이의 흥신소 직원들의 권태로운 일상과 작고 가벼
운 일탈. 치나츠와 그녀의 가족과 요시코가 보여주는 소시민의 단조
롭고 무감동한 생활상. 언제나 기가 죽어있는 신고의 축 늘어진 어깨

와 자신감 없는 걸음걸이에서 읽히는 소년의 우울과 비애.

연립 아파트의 작고 녹슨 욕조(浴槽)에서 부유(浮游)하는 이물질은 또 어떤가. 세월과 더불어 낡아져 퇴색해가는 사물들과 그것들과 동행하는 소유주의 내로라할 것 없는 단색(單色)의 일상이 영화 전편에 흐른다.

죽은 지 1주일 만에 발견되었다는 고독사가 낯설지 않은 2016년 일본의 도회지 풍경. 배우지 못했기에 평생 남편 곁을 지켰던 요시코와 달리 독자생존을 시도하는 쿄코를 바라보는 요시코의 가볍고 낮은 한탄과 한숨이 지배하는 화면.

그럼에도 우리는 료타가 마침내 찾아낸 값나가는 벼루를 전당포에 팔아넘기지 않는 장면에서 변화 가능성을 본다. 회전초밥을 같이 먹던 시어머니를 온전한 초밥집으로 초대하려는 쿄코의 마음 씀씀이에서도 그녀의 여전한 속내가 엿보인다.

더욱이 만화의 대본작가가 되어 시원찮은 벌이에서 어느 정도 벗어나고자 하는 료타의 자세전환은 가족관계의 복원을 알리는 한 마리 제비일지도 모른다. 일과성(一過性)으로 지나간 태풍이 환한 햇살과 청량함을 가져왔듯이 료타 가족의 일상성이 천천히 회복될지도 모를 일이다.

내 사랑

Maudie, My Love

감독 에이슬링 월시
출연 에단 호크, 샐리 호킨스
장르 로맨스 / 멜로 / 드라마
개봉 2017년

사랑 같지 않은 사랑영화
―〈내 사랑〉

글을 시작하면서

사랑영화를 본다는 것은 무슨 뜻일까. 우리가 경험하지 못한 인간과 관계를 생각하는 것인가. 잃어버렸거나 혹은 망각한, 빛나던 지난날을 반추하기 위함인가. 기막힌 장면이나 예기치 못한 반전(反轉)을 기대하는 것인가.

강렬한 정사(情事)나 얽히고설킨 인연의 실타래를 하나하나 풀어 나가고자 함인가. 그도 아니라면 시대와 불화하는 주인공들의 복잡다단한 내면세계를 추적하려는 것인가. 범용(凡庸)한 일상의 시간을 죽이기 위한 방편인가.

누군가 내게 사랑영화를 고르라 한다면 장예모 감독의 〈집으로 가는 길〉(2000)을 선뜻 추천하리라. 첫사랑의 신열(身熱)과 기다림의 아리고도 달콤한 고통을 스무 살 장쯔이로 보여준 〈집으로 가는 길〉.

영화의 시간은 1999년과 '대약진운동'이 한창이던 1950년대 후반을 교차한다. 공간은 낙후한 중국 오지(奧地). 총각선생 창위가 부임해 오고, 그이에게 마음을 뺏긴 자오디의 풋풋한 사랑이야기가 달달하게 펼쳐진다.

〈집으로 가는 길〉의 누추한 공간에 나붙은 제임스 카메론 감독의 〈타이타닉〉(1997) 포스터는 장예모의 자신감을 웅변한다. 혹자는 재난영화로 〈타이타닉〉을 수용한다지만, 관객들은 잘 만들어진 멜로드라마로 생각한다.

195분짜리 대작영화에 배짱 좋게 도전장을 던진 89분짜리 소품영화 〈집으로 가는 길〉. 만약 사랑에도 색깔과 향기와 무게가 있다면, 나는 가장 아름답고 다채로우며 깊이 있는 하중(荷重)을 장예모 영화에 부여하고 싶다.

과작(寡作)의 아일랜드 영화감독 에이슬링 월시가 2016년에 출시한 영화 〈내 사랑〉은 제목이 명시하듯 멜로드라마 장르에 속한다. 영화에 담긴 관계와 인간과 시공간은 지극히 협소하다. 캐나다 뉴펀들랜드 해안지방의 작은 마을에서 순방향의 시간을 거스르지 않고 진행되는 담담한 영화 〈내 사랑〉.

사정이 그럴진대 수면(愁眠)을 야기할 느릿함과 무자극성이 곳곳에 부설되어 있다. 그렇다고 객석을 동요시킬 만한 반전이나 극적인 장치도 없다. 무엇인가, 그러면?!

모드 다울리와 에버렛 루이스

모드가 두 발을 까딱까딱하며 그네에 앉아 담배를 피우고 있다. 그녀의 뒤편 열린 창문으로 아이다 숙모와 찰스 오빠가 다투는 소리가 들린다. 명민한 모드는 상황을 직감적으로 알아차린다.

견디기 어려울 만큼 엄격하고 형식적인 아이다 숙모. 동생의 유산까지 챙겨버린 인색하고 파렴치한 오빠 찰스. 자유로운 영혼과 호기심을 가진 여인 모드 다울리. 하지만 그녀에게는 육체적인 결함이 있다. 두 다리가 온전하지 못하고 등이 굽은 여인 모드.

모드는 숙모의 억압적인 태도와 집안 분위기, 돈 문제 따위로 인해 아이다의 집을 떠나고 싶어 한다. 그리하여 우연한 기회에 생선장수 에버렛의 가정부로 들어간다. 영화 〈내 사랑〉의 이야기는 여기서부터 서서히 실타래를 풀어나가기 시작한다.

아주 작은 이층집의 소유자이며 무뚝뚝하기가 장작개비 같은 사내 에버렛. 그에게 필요한 것은 인간 가정부가 아니라, 어쩌면 21세기 인공지능 로봇 가정부일지도 모르겠다는 느낌마저 든다.

서로 다른 세상과 인연 속에서 살아온 모드와 에버렛은 크고 작은 충돌을 경험한다. 거칠고 야멸치기가 야만인 수준의 에버렛을 여린 모드가 견뎌낼 수 있을까, 하는 의구심이 드는 장면이 이어진다.

모드를 가축보다 하대(下待)하는 에버렛의 태도는 우악스럽기 짝이 없다. 개, 고양이, 닭, 그 다음이 모드라고 서열을 매기는 에버렛. 최상위 자리는 당연히 에버렛 자신의 몫이고. 과연 그들 사이에 온전한 사랑이 가능할까.

장애인의 사랑

〈내 사랑〉을 보면서 이창동 감독의 〈오아시스〉(2002)가 떠올랐다. 뇌성마비 장애인 한공주와 사회 부적응자 홍종두의 있을 법하지 않은 사랑을 그린 영화 〈오아시스〉.

소설가 이창동이 영화감독 이창동으로 거듭나는 계기로 작용한 영화. 〈오아시스〉를 보는 내내 나는 왠지 속이 답답했다. 딱 꼬집을

순 없어도 무엇인가 불편하고 안타까운 것이 뇌리를 떠나지 않았다. 아마도 그것은 장애인의 익숙하지 않은 사랑 때문이었으리라.

월시 감독의 〈내 사랑〉에도 장애인이 등장한다. 여주인공 모드는 지체 부자유한 인물이다. 언제부턴가 온전히 걷지 못하는 모드. 발뒤꿈치를 깨금발 하듯 들고 걷는 모드. 그래서 오리처럼 뒤뚱거리며 걸어야 하는 모드.

그런 까닭에 모드는 장시간 걷는다거나 장거리 여행을 하지 못한다. 그녀가 바라보고 이해하는 세상은 언제나 그녀가 마주하고 있는 창문 너머로 보이는 세상이다. 그런 연유로 그녀는 남녀의 사랑과도 절연(絶緣)되어 있다.

자신만을 중시하고 모드를 수탈과 억압의 대상으로 바라보는 에버렛. 동료가 보는 앞에서 그가 모드를 모욕하고 폭력까지 행사하는 장면은 영화장르와 사뭇 대척적이고 이질적이다. 에버렛과 자신이 얼마나 잘 지내고 있는지 설명하는 모드를 향해 날아드는 에버렛의 주먹은 매우 가학적인 것이다.

흥미로운 점은 그럼에도 모드가 에버렛을 떠나려 하지 않는다는 사실이다. 그녀는 몹시 외로웠거나 에버렛의 깊은 사랑을 확신했을지도 모를 일이다.

모드의 상처와 과거

〈내 사랑〉은 온전하게 모드에게 바쳐져 있다. 우리는 에버렛에 관한 정보를 가지고 있지 않다. 대단히 거칠고 투박하며 이기적인 생선 장수라는 정도. 언제부터 왜 그가 작은 외딴집에서 살아가고 있는지, 우리는 모른다. 그의 지난날과 추억과 관계에 대해 우리는 아는 것이 전연 없다.

그가 거의 문맹 수준이란 것과 대인관계 역시 극히 제한적이며 자기 앞가림조차 순탄치 않음을 우리는 안다. 하지만 딱 거기까지다. 에버렛에 관한 정보는 그것이 전부다.

요리를 하고, 집안청소를 하며, 구석구석에 아이들처럼 그림을 그려 넣는 모드에게 조금씩 마음을 열어가는 에버렛. 영화에서 인상적인 장면 가운데 하나는 모드가 닭을 잡는 장면일 것이다. 성치 않은 몸을 이끌고 닭장에 들어가 커다란 닭을 안고 나오는 모드.

도마로 쓸 수 있는 나무둥치 위에 닭을 붙들어 놓은 모드의 손에 도끼가 들려 있다. 하늘 높이 치켜 올라가는 모드의 손과 신속한 장면전환. 그렇게 에버렛을 위한 닭고기 스튜가 마련된다.

어느 날 밤 에버렛의 몸이 모드의 몸을 찾는다. 열에 들뜬 에버렛과 달리 모드는 차분하게 지난날을 더듬는다. 섹스를 하려면 결혼해야 한다고 단호하게 주장하는 모드.

이 지점에서 영화는 인간 모드의 상처와 내면을 스치듯 조명한다. 언젠가 아이를 가졌던 그녀. 너무나도 기형(畸形)이 심해서 아이가 죽

었다고 말하는 모드. 아이를 가지게 한 남자가 누군지, 어떤 기형아로 태어났는지, 그녀는 말하지 않는다. 하되, 섹스와 결혼이 공존해야 한다고 확신하는 모드.

에버렛은 그런 모드가 마뜩치 않다.

"너와 섹스를 하느니 차라리 통나무와 하는 게 나아!"

이런 폭언에 깊은 상처를 입을 법하기도 하지만 모드는 끝내 에버렛을 떠나지 않는다. 윌시 감독은 이런 점에서 친절하지 않다. 한사코 에버렛에게 복종하고 순응하는 모드의 면면을 지속적으로 보여주기 때문이다. 어쩌면 그것이 운명이나 되는 것처럼 그들 관계는 그렇게 점철(點綴)된다. 하지만 어느 지점부터 우리는 관계의 역전(逆轉)을 확인한다.

사랑과 결혼

〈내 사랑〉에서 우리는 기막힌 사랑의 장면이나 가슴 뭉클한 대사 혹은 짜릿한 전율을 선물하는 관계변화와 만나지 못한다. 영화는 시종일관 밋밋하고 느릿하게 대단원을 향해 나아간다.

그럼에도 에버렛이 손수레에 모드를 태워 교회에서 결혼식을 하고 돌아오는 장면은 상당히 인상적이다. 친구 내외를 들러리로 세우고 목사의 성혼선언을 끝으로 회당 밖으로 나오는 두 사람의 표정이 제각각이다. 환하고 행복한 모드와 화가 난 듯 뾰로통한 에버렛.

에버렛이 모드와 결혼하기로 한 까닭을 알 듯하다. 그런데 모드가 행복한 표정을 짓고 있는 것은 예상 밖이었다. 그 다음 장면이 선하고 아름답게 다가온다. 손수레 위에서 두 다리를 까딱까딱하는 모드를 태우고 집으로 돌아오는 에버렛의 표정이 행복해 보이는 것이다.

그저 섹스만을 위한 의례적인 결혼이 아니라, 두 사람의 내면세계와 필요가 제휴(提携)하고 있다는 느낌이 드는 장면. 어쩌면 그런 장면 하나로 수많은 부부가 백년해로를 하는지도 모를 일이다.

모드 다울리는 이제 모드 루이스가 된다. 주종관계나 고용-피고용 관계가 아니라, 남자와 여자가 상호 일대일 조응관계에 기초하여 가정을 꾸리기로 한 것이다. 모드의 그림세계가 더욱 밝아지고 다채로워지기 시작한다.

사랑과 결혼으로 이어진 관계의 확장과 심화가 모드의 그림에 고스란히 투영(投影)되는 것이다. 인생과 운명과 창작이 어떻게 얽히고설키는 관계로 맺어져 있는지 절실하게 제시해주는 장면이다.

모드와 그림 그리고 창

언제부턴가 모드는 그림을 그리기 시작한다. 나무와 꽃, 풀과 사슴, 하늘과 구름 같은 자연과 노동하는 남편의 소박한 일상을 대상으로 어린이의 마음으로 그림을 그리는 모드. 그림은 그녀가 세상과 만나는 거의 유일한 통로이자, 자신의 내면을 토로(吐露)하는 방책(方策)이기도 하다.

창은 몸이 불편한 그녀가 세상을 들여다볼 수 있는 단 하나의 틈새였다. 그 사이로 들어온 모든 것을 남김없이 자신의 눈과 마음으로 그림으로 승화시키는 모드.

그녀의 그림은 그래서 사람들에게 호소력을 가진다. 꾸밈과 과장과 인위적인 구성과 기획의도 없이 단순하고 정갈하며 동심으로 가득한 모드의 그림. 사람들이 그녀의 그림에 열광한 이유는 아마도 그런 데 있었을 것이다.

언제부턴가 그들이 잃어버린 맑고 투명하며 아름다운 유년시절과 추억을 온전하게 담고 있는 모드의 그림. 자연과 일상을 소박하게 구현함으로써 건강한 사실주의를 그림의 기본적인 토대로 삼은 '나이브 아트'의 정수.

창 안쪽에서 창 바깥 풍경과 일상을 그려낸 모드. 장애를 천형(天刑)처럼 끌어안고 살아가야 했기에 모드가 창에 의지한 것은 자연스러운 귀결이었다. 제대로 걷지도 못하고, 경제적인 문제 때문에 어디 멀리 여행도 갈 수 없었던 모드.

그러기에 창이라는 틀로 그녀의 눈에 포착된 세상은 그토록 맑고 투명했으리라. 세상을 내다보고, 세상을 이해하고, 세상과 담소(談笑)하는 틈새이자 공간으로 작용한 창. 창 너머에 존재하는 틀이 그녀의 모든 것이었다.

일찍이 김상용은 "남으로 창을 내겠다."고 공언했고, 노자는 '불규유 견천도(不窺牖 見天道)'를 주장했다. 그는 "창을 내다보지 않아도 하늘의 도를 안다."고 확신했다. 남쪽으로 창을 내고 동과 서를 질주하는 태양과 달과 뭇별을 바라보겠다던 시인. 남쪽으로 난 창문을 굳이 내다보지 않고서도 천하의 온갖 도리를 통찰할 수 있다고 믿었던 춘추전국시대의 사상가.

모드는 시인도 사상가도 아니었지만, 창에 담긴 함의를 제 스스로 풀어낸 자연인 화가였다.

모드와 산드라

이 지점에서 불쑥 나타나는 미지(未知)의 여인 산드라. 뉴욕에서 건너온 세련되고 매력적인 여성 산드라. 생선 때문에 에버렛을 찾아왔다가 모드의 소박한 그림을 보고 한눈에 반해버리는 여인 산드라.

그렇게 산드라는 모드의 운명을 근본적으로 뒤바꿀 비상한 인연으로 등장한다. 그저 혼자만의 만족과 필요로 그림을 그렸던 모드가 너른 외부세계와 이어지는 단단한 끈을 산드라에게서 얻어내는 것이

다. 상호이해와 신뢰의 관계로 엮이는 모드와 산드라.

세련된 뉴요커답게 산드라는 '나이브 아트(naive art)'를 이해하는 여인이다. 전문적인 교육을 받지 않은 일군(一群)의 화가로, 일반적인 미학적 원칙을 준수하지 않는 화가들의 그림을 '나이브 아트'라고 한다.

물감을 혼합하기보다는 밝고 강렬한 색깔을 주로 사용하는 그들은 공백(空白)을 용인하지 않고, 원근법 또한 무시한다. 영화에 나타나 있는 것처럼 가을과 겨울이 혼재하는 양상도 드러내 보인다. 단풍과 백설이 조화롭게 공존하는 동화 같은 그림세계!

모드의 그림에서 뭔가 독특하고 따뜻한 것을 찾아낸 산드라는 모드의 그림을 하나둘씩 사 모으기 시작한다. 이윽고 그것은 미국 전역으로 알려지고, 급기야 닉슨 부통령까지 모드의 그림을 구입하기에 이른다.

졸지에 전국적인 명사(名士)의 반열에 오른 모드. 종이언론은 물론이려니와 유수의 텔레비전 매체까지 모드의 그림과 인생에 관심을 가지기 시작한다. 그 모든 사태진전의 출발점에 산드라가 자리한다.

충돌과 화해

우연한 기회에 에버렛을 만난 아이다는 모드에게 자신을 찾아오라고 이른다. 그녀는 이제 노구(老軀)의 병든 몸으로 누군가에게 의지하여 살아가는 노년을 경험하고 있다. 몹시 추운 겨울날 모드는 그림 한 장 챙겨들고 숙모를 찾아 나선다. 에버렛이 동행을 거부한 때문이다.

불학무식하고 거친 생선 장수를 탐탁지 않게 여기는 숙모를 에버렛도 거부한 탓이다. 불편한 몸을 이끌고 힘겹게 아이다를 찾은 모드. 그들의 대화는 뜻밖의 결과에 이른다.

"다울리 가문에서 유일하게 행복을 찾은 건 너로구나. 임종의 순간에 거짓말하고 싶지 않았다. 네가 낳은 아이는 나와 찰스가 팔아넘겼다. 성치 않은 네가 아이를 기를 수 없다고 우린 판단했다. 그 아인 기형아가 아니었어."

놀라움과 충격으로 한껏 부풀어 오르는 모드의 얼굴. 그녀가 실성(失性)한 사람처럼 길을 걷는다. 꿈처럼 나타나 그녀를 태우는 에버렛의 낡은 승용차. 하지만 모드와 에버렛의 대화는 엇갈리고 다시 엇

갈려 회복불능 상태까지 이른다.

"당신은 대단한 여자고, 나는 그렇고 그런 남편이란 말이지. 텔레비전에 나온 다음에 나와 당신을 두고 여기저기 수군대는 인간들이 너무 많아."

"내 아이는 기형아가 아니었대요. 죽은 것도 아니고." "또 그 얘기야. 아이 얘기 아니면 오빠 얘기."

"아이는 죽지 않았다니까요. 어디선가 잘 살고 있다 하네요."

잃어버린 아이와 상처 받은 자존심 사이에서 두 사람은 격렬하게 충돌한다. 이윽고 차에서 내려버리는 모드. 두 사람은 제각각의 길을 간다. 모드가 갈 곳은 딱 한 군데. 산드라의 집밖에는 없다. 추위와 아픔으로 고달픈 모드를 따뜻하게 품고 잠자리를 내주는 산드라.

그들의 우정은 거기서도 환하게 빛난다. 에버렛이 그런 모드를 찾아온다. 간절하게 그녀의 귀환을 호소하는 에버렛. 잠자코 고개를 끄덕이며 에버렛을 떠나지 않겠다고 다짐하는 모드.

무엇을 완전하다 하는가

기침을 심하게 하던 모드가 병원에 이송된다. 그녀의 폐질환은 매우 위중하다. 가까스로 숨을 쉬고 있는 모드에게 에버렛이 말한다.

"왜 당신이 완전하지 않다고 생각했을까?"

아주 작고 여리며 불구의 몸이었던 모드를 언제나 불완전한 존재라 생각했던 에버렛. 그런 에버렛이 마지막 작별의 순간에 자신의 잘

못을 절절하게 고백하는 장면. 어째서 에버렛은, 아니 세상의 많은 사람들은 장애를 가진 사람들이 불완전하다고 생각하는 것일까?!

장애를 가지고 있어도 정상적인 인간들과 마찬가지로 생각하고 인식하고 행동하고 판단하고 창작할 수 있다는 자명한 사실을 왜들 외면하는 것일까. 이 지점에 웰스 감독의 전갈이 자리하는 듯하다.

모드는 에버렛뿐 아니라, 우리 누구보다 지적으로나 예술적인 능력 면에서 뛰어난 인물이다. 우리는 다만 그녀의 뒤뚱거리는 걸음걸이와 구부정한 어깨, 약간 기울어진 얼굴과 어눌한 말투 때문에 온전하게 그녀를 평가할 수 없을 뿐이다. 이것을 일컬어 편견 내지 선입관이라고 한다.

선택적 판단과 바라보기에 익숙한 범용한 인간들이기에 우리는 모드의 비범(非凡)한 자질과 고상한 품성을 알아차리지 못한다.

완전함의 기준을 우리는 언제나 육체가 정상적인 혹은 일반적인 '정상인'의 관점으로 세운다. 거기서 한 치만 어긋나면 그들은 어느덧 우리와 다른 비정상적인 장애인이 되고 만다. 그리고 그걸로 모든 판단은 종결된다.

그들은 완전하지 못하며 따라서 아무리 뛰어난 재능과 품성을 가지고 있다 해도 제대로 평가받지 못한다. 사회적 편견과 선입관은 고래(古來)로부터 광속의 21세기까지 연면 부절하게 이어져오고 있다.

글을 마치면서

7월 말 평일 오후의 영화관은 평온했다. 2,000개 이상의 화면(畵面)을 점유했다는 〈군함도〉 이외에는 이렇다 할 화제작이 없어서 그런 것일까?!

〈내 사랑〉은 거대자본이 크게 생색(生色)만 낸 작은 화면 하나만 확보하고 있었다. 영화는 차고 넘치는 광고의 홍수가 몇 차례나 되풀이되고 난 다음에야 가까스로 시작했다. 제한된 상영과 작은 좌석수, 과도한 광고로 객석이 피로해져야만 근근이 영화를 볼 수 있도록 하는 재벌의 횡포.

그런 불편함과 떨떠름한 심경으로 마주한 영화가 〈내 사랑〉이었다. 청춘남녀의 재잘거림도, 중년 여성들의 철면피한 목소리도 화면과 더불어 잠잠해진다. 극적인 사건도, 애간장을 녹이는 안타까움과 극도의 아픔도 배제된 영화는 무덤덤하게 제 이야기를 인도한다.

이윽고 영화가 막을 내리고 사람들이 하나둘씩 자리를 뜰 때 주위를 둘러본다. 아하, 대다수 관객이 2-30대 여성임을 확인한다. 이런 영화의 주 고객이 여성이었구나, 하는 작은 깨달음.

아직도 많은 청춘들이, 그것도 젊은 여성들이 '사랑이야기'를 찾는다. 청춘들의 특권이자 의무 같은 것으로 사랑은 받아들여지고 있는 것은 아닐까, 하는 생각이 든다. 중년의 남성 관객은 나 말고 없다. 이 나이의 사랑은, 혹은 사랑영화는 이미 사치(奢侈)라고 치부(置簿)해버린 걸까.

결국 인생에 남는 유일한 가치가 사랑임을 그들은 알지 못하는 것일까, 하는 물음도 함께 남는다. 고로 여성이 남성에 비해 월등 우수한 혈통임을 부인하기 어려운 지경 아닌가.

있을 법하지 않은 남녀의 비상한 사랑이야기를 보면서 세상에서 가능한 온갖 형식의 사랑을 잠시 떠올린다. 국경도 인종도 나이도 초월한다는 사랑의 무한 방정식에 경의를 표한다. 지금도 누군가는 어디선가 사랑하는 인연을 만나고, 누군가는 살 떨리는 아픔과 희열을 경험하고 있을 터.

사랑은 언제나 누구에게나 크고 환하게 열린 대문처럼 여러분을 맞이하고자 기다리고 있을지 모른다. 사정이 이럴진대, 그대들도 한여름밤의 꿈을 찾아 비상해보시라.

남한산성

감독 황동혁
출연 이병헌, 김윤석, 박해일, 고수, 박희순
장르 드라마
개봉 2017년

영화 〈남한산성〉에서 돌이킬 것들

두 번째로 〈남한산성〉을 보러간 2017년 11월 초하루. 조조(早朝)할인과 아침나절의 고요함이 나를 반긴다. 소싯적에 '왜 조조(曹操)만 할인해주나' 하는 의문을 가졌던 꿈같던 시절은 시위 떠난 화살처럼 사라져버리고 말았다. 조조보다 유비나 관우를 더 사랑했던 철없던 어린아이가 장성하여 이제 귀밑머리 희끗거리는 초로(初老)의 사내가 된 것이다.

2,500년 전 공자가 일컬었던 지천명을 지나 이순(耳順)에 근접한 나이에도 '순'은 여전히 어려운 과제로 다가온다.

9시 10분 상영시각에 맞춰 홀로 자리를 잡는다. 영화관 맨 뒷자리 에프(F)열 9번이다. 매표구가 한산해서 그런 거겠지, 혼잣말하며 화면을 바라본다. 길고 지루한 광고시간이 지나고 영화가 시작을 알린다.

들고나는 사람은 상기도 없다. 아, 정말 이대로 혼자일까, 하는 잠시 잠깐의 생각. 고개를 흔들지만 설마, 하는 생각이 더 크게 가슴을 울린다. 번다함과 작별한 자의 넉넉한 고즈넉함이 외려 허전함과 비어 있음을 동반할 줄은 차마 상상하지 못한 영역.

사위(四圍)가 캄캄해지고 영화의 시공간 배경을 설명하는 자막이 떠올랐을 때야 비로소 나는 홀로임을 자각한다. 혼자 영화를 본 적이 있었던가. '아니야, 중간에 누군가 들어올지도 모를 일이지.'

영화 중간에 관객이 들어오는 일은 얼마나 흔한 일인가. 한국처럼 객석의 소란과 방종(放縱)에 관대한 나라가 어디 또 있으랴. 이렇게 너른 영화관을 홀로 지배할 수는 없는 노릇 아닌가, 하는 생각이 찾아든다. 그렇게 두 시간 넘는 시간이 오롯 지나간다.

임진왜란과 병자호란

1598년 11월 19일 노량해전과 이순신의 절명(絶命)으로 7년 전란(戰亂) 임진왜란이 막을 내린다. 전란이 끝난 9년 뒤 암군(暗君) 선조는 도쿠가와 이에야스의 요청에 '회답겸쇄환사'라는 이름의 조선통신사를 파견한다.

도쿠가와 막부에 예의를 갖추고 일본으로 끌려간 조선인들을 귀국시킨다는 명분으로 통신사를 파견한 것이다. 선조의 뒤를 이어 1608년 광해군이 왕위에 오른다. 후궁인 공빈 김씨 소생의 명민한 광해는 국가재난인 임란에 남달리 슬기롭게 대처한 인물로 알려져 있다.

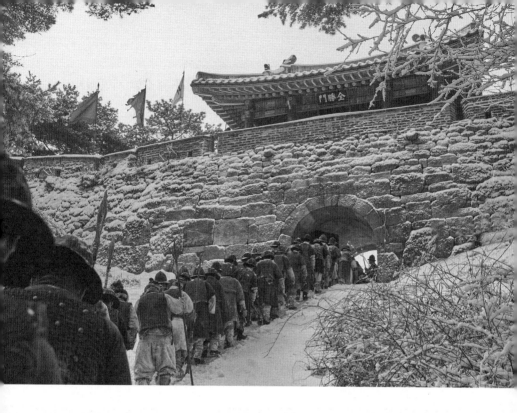

　광해는 왜란으로 파괴된 사고(史庫) 정비, 〈동의보감(東醫寶鑑)〉 같은 의서간행, 대동법 시행, 군적(軍籍) 정비를 위해 호패법(號牌法)을 실시하는 등 무너져버린 나라의 기강을 확립하려 진력한다.

　그러나 광해는 왕위 경쟁자이자 동복(同腹) 형 임해군과 그를 추종하는 세력, 선조의 정비(正妃) 인목왕후 소생(所生) 영창대군과 그를 옹립하려는 김제남 일파를 제거하기에 이른다. 대외적으로 광해는 몰락해가는 명과 만주의 신흥세력 후금 사이에서 등거리외교를 실행한다.

　그러나 재조지은(再造之恩, 조선을 다시 일으켜세워 준 은공)과 재조자

소(再造字小, 나라를 다시 세워주고 작은 것을 사랑해줌)를 주장한 서인(西人) 일파가 1623년(광해군 15년) 능양군을 앞세워 인조반정을 일으킨다.

이로써 조선의 등거리외교는 막을 내리고 친명반청(親明反淸)이 외교노선의 근간이 된다. 임진왜란으로 명의 국력이 쇠미해진 틈을 타서 만주의 여진세력을 성공적으로 규합한 누르하치는 1616년 자신을 '칸(황제)'으로 칭하고 '천명(天命)'이란 연호를 사용하기 시작한다.

1626년 누르하치의 뒤를 이어 후금의 2대 칸이 된 태종 홍타이지는 인조반정의 논공행상으로 촉발된 '이괄의 난(1624)'으로 조선침략의 빌미를 얻는다. 이괄의 난에 연루된 한명련의 아들 한윤이 후금으로 달아나 인조정권의 부당성과 조선의 친명외교를 거론하며 침략을

종용한 것이다. 그리하여 발발한 것이 1627년 정묘호란이다.

강화도로 도주한 인조는 후금의 '형제맹약'에 동의함으로써 화의(和議)가 성립된다. 그러나 조선이 친명배금 정책을 지속하자 1636년 12월에 태종이 직접 12만 대군을 이끌고 조선을 침략한다. 이것이 병자호란이다.

누구의 나라인가

"그해 겨울은 몹시 추웠고, 눈이 많이 내렸다." 소설 『남한산성』과 영화 〈남한산성〉에 공히 나오는 표현이다. 후금의 위협과 이괄의 난을 겪은 인조가 1624년 개축(改築)을 명하여 1626년 완공을 본 난공불락의 요새(要塞) 남한산성.

압록강을 넘은 지 불과 보름 만에 한양 도성에 청군(淸軍)이 도달하자 인조는 강화도로 피하지 못하고 남한산성으로 들어간다. 1만 4천여 군민(軍民)과 50일분의 식량을 비축한 남한산성의 운명이 풍전등화에 달렸다.

반정으로 권력을 찬탈하고 두 차례나 호란(胡亂)을 자초한 암군 인조가 무엇을 어찌할 것인가, 궁금하다. 김훈의 소설을 읽으며 정말로 부아가 치밀어 오른 대목은 '망궐례(望闕禮)'가 나왔을 때였다.

궤멸 직전의 중화제국 명나라 황제가 있는 북경을 향해 인조가 백관(百官)을 거느리고 정성을 다해 올리는 군신(君臣)의 망궐례. 그것을 산정(山頂) 높은 곳에서 내려다보는 홍타이지. 조선을 으스러뜨리지 않고 마음 깊은 곳으로부터 투항을 받아내려는 태종.

청나라 칸에 맞설 계책을 거듭 묻는 인조에게 영의정 김류가 딱하다는 듯 말한다.

"뭘 자꾸 물으시옵니까? 이 나라는 전하의 것이오니, 하명(下命)만 해주시면 저희는 그저 따르면 그만이옵니다."

일인지하(一人之下) 만인지상의 자리에 있는 영의정의 생각은 훗날 청일전쟁 당시 일본군을 끌어들인 민비(閔妃) 민자영(閔慈映)의 생각과 빼닮았다. "내가 조선의 국모(國母)!"라고 일갈(一喝)했다던 민자영은 조선의 주인은 자기 자신과 고종이라 생각하여 조정(朝廷)을 향해 쇄도하던 동학교도들을 척살(刺殺)할 일본군대를 초치(招致)한다.

일본이든 청나라든 이왕가(李王家)의 소유권만 지켜준다면 단단히 보은하겠다고 외국군을 불러들인 민자영은 이듬해 당자(當者)가 끌어들인 일본군 낭인(浪人)에게 처참한 최후를 맞는다.

체찰사(體察使) 김류가 휘하막료를 거느리고 남한산성을 순시하다가 말고기를 뜯어먹는 병사들과 말다툼을 벌인다. 가마니로 한기(寒氣)를 면하던 병사들이 굶어 죽어가던 말 때문에 가마니를 빼앗긴다. 김류는 말 없는 싸움이 불가능하다는 주장을 펴면서 병사들에게 내려주었던 가마니를 도로 빼앗아 말먹이로 쓸 것을 주장한다.

뾰족한 대책이 없는 인조의 명에 따라 병사들의 가마니는 말구유로 넘어간다. 그러나 얼마 지나지 않아 가마니 역시 동나고 급기야 말

들이 식용(食用)으로 병사들에게 제공된 것이다.

"나리들, 말고기 맛 좀 보쇼. 그나저나 살이 붙어있을 때 잡았더라면 더 좋았을 텐데 말이야."

체찰사 김류는 군의 기강을 바로 잡겠다는 명분을 내세워 이 말을 내뱉은 병사를 참수(斬首)하려 한다. 수어사(守禦使) 이시백이 군령을 어겨가며 체찰사의 명령에 따르지 않는다. 이조판서 최명길도 이시백의 편에 서서 김류를 제지(制止)한다. 병사를 참수하면 당장에는 군령이 설 것 같지만, 그들의 마음을 잃고 말 것이라는 논지를 전개한다.

남한산성을 지키는 최전선의 물리력은 왕이나 지식인 신료(臣僚)가 아니라, 무지렁이 백성들의 총칼이었으니 체찰사가 물러섬은 당연지사.

누가 조선의 주인인가, 혹은 조선은 누구의 나라인가, 하는 물음을 황동혁 감독은 몇 번이나 객석에게 던진다. 영화 첫머리부터 관객은 그 문제와 대면한다. 인조를 따라 남한산성으로 향하던 예조판서 김상헌을 건네준 이는 송파나루 사공이다. 어제 어가행렬(御駕行列)을 안전하게 인도했으나 사공은 왕한테 좁쌀 한 되 받지 못했다.

사공은 내일이면 청나라 군대를 인도하고 뭐라도 받아서 생계를 꾸려갈 요량이다. 그가 남한산성 동행을 거절하자 상헌은 사공을 단칼에 베어버린다. 눈 덮인 허연 얼음장 위에 검붉은 선혈(鮮血)이 낭자하게 흘러내린다.

영화 〈남한산성〉에서 조선 백성의 결기와 세계관을 드러내는 인물은 대장장이 서날쇠다. 소설 원작에 부재한 멜로드라마적인 인물 칠복이와 더불어 날쇠는 전란을 바라보고 대응하는 민의 관점을 대표한다.

산성에서 얼어가는 병사들에게 가마니를 주어서 한기를 덜어주라는 지혜를 예판 상헌에게 진언(進言)한 이는 날쇠였다. 그는 조선 병사들의 총신(銃身)이 휘어져서 온전하게 작동하지 않음을 지적하면서 상헌에게 총신의 수리를 건의한다.

서날쇠가 〈남한산성〉에서 수행하는 막중한 임무는 인조가 보내는 격문을 조선군 근왕병 진영에 전달하는 것이다. 영의정 김류 대신 체찰사 노릇을 하는 김상헌은 격문을 전달할 최적의 인물로 날쇠를 지

목한다. 완곡하게 임무를 거부하면서 날쇠가 말한다.

"저희 백성이야 날이 밝으면 들로 나가 씨 뿌리고 그것을 거두어 생계를 이으면 그뿐입니다. 조정의 왕과 대신들이 명을 섬기든 청을 섬기든 그건 우리와 무관(無關)한 일입니다."

지배계급이 떠받들어 모시는 사대(事大)의 대상이 한족(漢族)의 명이든 여진족의 청이든 조선의 민과는 아무 상관없다는 날쇠의 주장은 근거가 있다. 날쇠의 말에 담긴 저의(底意)는 일찍이 요순시절에 불렸다는 〈격양가(擊壤歌)〉와 하등 다르지 않다.

"일출이작 일입이식(日出而作 日入而息) / 착정이음 경전이

식(鑿井而飮 耕田而食) / 제력어아 하유재(帝力於我 何有栽). 해 뜨
면 일하고 해 지면 쉬노라 / 우물 파 물 마시고 밭 갈아 내
먹으니 / 임금의 권력이 내게 무슨 쓸모더냐."

조선의 권력층이 한족의 명을 상국(上國)으로 받들고, 여진의 청을
야만(野蠻)이라 능멸하여 일어난 전란의 일각(一角)을 받치던 날쇠의
생각은 사공과 다르지 않다. 어느 권력이든 국가를 지배-통솔하고 있
다면 능히 그 나라의 백성을 배불리 먹이고 입혀야 한다. 그것을 온
전히 행하지 못하면서 민에게 복종을 강요하는 정치권력은 천부당만
부당한 것이 아닐 수 없다.

최명길의 길, 김상헌의 길

영화 〈남한산성〉 첫머리에 등장하는 또 다른 인물은 이조판서 최
명길이다. 김류와 더불어 서인의 인조반정에 참가하여 능양군을 보필
한 인물 최명길. 그가 필마단기(匹馬單騎)로 청군 기마대와 궁수부대
앞에 서있다. 적들은 그에게 화살세례로 겁박(劫迫)하고자 한다.

전혀 위축되지 아니하고 적들의 무례를 꾸짖는 최명길. 조선국왕
인조의 사신이자 이조판서라고 자신의 신분을 밝히며 적장 용골대와
대면을 요구하는 담대한 인물 최명길.

역사는 그를 주화파(主和派)라 부른다. 애당초 청이 최명길을 통해

요구한 화친조건은 소현세자를 볼모로 달라는 것이었다. 소현세자 역시 나라를 위한 길이라 하여 순순히 응할 태세를 보인다. 그런 이판과 세자 그리고 중신들에게 벽력처럼 고함을 지르며 부당함을 아뢰는 자가 김상헌이다.

야만의 청에게 세자를 내주자는 것은 어불성설이라는 그의 주장에 조정의 분위기는 일신(一新)된다. 인조의 답답하고 어지럽던 흉중을 시원스레 뚫어주는 예판의 일갈.

명을 받들고 죽기 살기로 청과 싸워야 한다는 주장을 내세운 자들을 척화파(斥和派) 내지 주전파(主戰派)라 부르고, 그 대표자로 윤집, 오달제, 홍익한 같은 삼학사(三學士)와 예판 김상헌을 꼽는다. 이리같은 야만족 청의 홍타이지에게 어찌 투항하여 목숨을 구걸하겠느냐는 대쪽 같은 결기와 주장을 내세워 만고(萬古)의 충절로 떠받들어지는 주전파.

> "가노라 삼각산아 다시 보자 한강수야 / 고국산천을 떠
> 나고자 하랴마는 / 시절이 하수상하니 올동말동 하여라."

김상헌이 볼모로 심양으로 끌려가면서 지었다는 시조다. 그러나 김상헌은 인조가 항복한 다음 안동으로 낙향한다. 1639년 청나라가 명을 정벌하려고 조선에 출병을 요구하자 반대상소를 올린 죄목으로 청에 압송된다. 6년에 걸친 억류생활 끝에 1645년 귀국한 인물이 김

상헌이다.

위에 인용한 시조는 그때 상헌이 지어 읊은 것이다. 칠십 노구(老軀)에 조국산천을 떠나 영어(囹圄)의 이국생활을 영위해야 할 고단한 운명을 구슬프게 노래한 시조가 아닐 수 없다.

영화에서 우리는 최명길과 김상헌의 불꽃 튀는 논리대결과 우국충정(憂國衷情)을 목도한다. 홍타이지의 최후통첩에 대하여 인조가 투항할 뜻을 글로 적은 이조판서 최명길이 한밤중에 국왕의 처소 앞에 부복(仆伏)해 있다.

눈이 하얗게 덮인 1637년 정월 대보름 전야(前夜). 들어오라는 인조의 명을 받드는 명길.

"전하, 환궁하시더라도 상헌을 내치지 마소서. 그는 산성(山城)의 유일한 충신이옵니다."

"그대 또한 나의 충신이다!"

만고의 역적 소리를 들어야했던 이조판서 최명길의 선택은 왕의 정치적인 죽음과 백성의 생물학적 삶이었다. 백성을 살리기 위해서라면 적의 아가리 속으로라도 기어들어가 삶을 도모해야 한다는 것이 명길의 논리다.

왕의 존엄하고 당당한 죽음을 주장하는 상헌에게 "치욕은 참을 수 있으나, 죽음은 견딜 수 없다!"는 주장을 펼치는 명길. 그런 주화파 이판의 주장에 대해 상헌은 "명길이 말하는 삶은 삶이 아니라 죽음보다 더한 것이어서 받을 수 없다."고 말한다.

명이 네덜란드 대포를 모방해서 만든 것을 청이 탈취한 홍이포(紅夷砲)가 날벼락처럼 터지고 청나라 병사들이 물밀듯 들이닥치면서 싸움은 너무도 쉽게 결판난다. 태종 홍타이지 앞에 무릎 꿇고 삶을 애걸하는 명길의 두 눈에 구슬 같은 눈물이 뚝뚝 떨어진다. 살육(殺戮)을 거둬달라는 이조판서의 애간장 녹이는 청원에 공격중지를 명하는 홍타이지.

"그래, 이판은 투항의 조건으로 무엇을 얻으셨소."

"군왕의 폐위가 없고, 산성 내의 민과 군병을 살려주겠다는 약조입니다."

이른바 '삼전도의 굴욕'을 통해서 인조가 얻은 것은 왕의 자리를 보전하는 것이었다. 하지만 그 대가(代價)로 그의 두 아들 소현세자와 봉림대군이 조선의 50만 백성과 함께 청나라로 압송된다. 민간의 수많은 아녀자들이 유린당하고 '환향녀(還鄕女)'와 '호로(胡虜)자식'이란 말이 만들어진 비통한 역사적인 사건 병자호란.

소현세자의 불의의 죽음과 봉림대군의 세자책봉과 즉위로 이른바 북벌(北伐) 논의가 성립된다. 하지만 그것은 오롯이 일부 지배계층의 언어유희에 지나지 않았음은 지난 역사가 웅변하는 바다.

그럼에도 〈남한산성〉은 전란을 바라보는 두 대신의 엇갈린 시선을 통해서 우리의 자세를 되묻는다. "당신이라면 주전파 최명길의 편에 서시겠습니까, 아니면 척화파 김상헌의 손을 들어주시겠습니까?!" 그렇게 영화는 우리에게 진지하게 묻고 있다.

새로운 세상은 어떤 것인가

인조가 일군(一群)의 신료를 거느리고 근정전(勤政殿)으로 들어선다. 바람이 휑하니 불고 단청마저 색이 바래서 무너져버린 사직(社稷)의 모습이 곳곳에 약여하다. 그들 무리 끄트머리에 이조판서 명길이 있다. 가던 길을 멈추고 뒤를 돌아보는 명길의 눈길이 허공중에 맴돈다.

어찌할 것인가, 앞으로 어찌될 것인가, 하는 물음으로 가득 찬 표정이다. 명길의 막막하고 대책 없는 얼굴과 황망한 걸음걸이가 그의 텅 빈 가슴속을 가감 없이 드러낸다.

"그대가 꿈꾸는 세상은 어떤 것이오, 이판."

"군왕과 백성이 함께 하는 새로운 세상입니다."

"그것은 불가능하오. 그런 세상은 왕과 신하가 모두 죽어지고 나서야 비로소 열리는 세상이오. 왕뿐만 아니라, 그대와 나 같은 신료가 전부 사라진 다음에야 열리는 세상이오."

최명길은 홍타이지와 청나라 군대가 모두 물러간 다음 무너진 조선의 조정을 다시 세우고자 한다. 처참하게 붕괴된 종묘사직으로 아득해진 나라의 권위와 백성들의 안위(安危)를 예판 김상헌과 더불어 일으키고자 한다.

그러나 상헌의 생각은 전혀 다르다. 지금껏 이 나라를 지탱해온 국왕은 물론이려니와 왕을 보필해온 핵심 권력계층의 대대적인 물갈이가 있어야 가능하다는 것이다. 근본적인 청산과 숙정(肅正)이 있은 연후에야 비로소 백성과 군왕이 함께 할 수 있다고 그는 생각한다.

임란이 끝나고 불과 30년이 지나지 않아 맞이한 정묘호란과 그것이 경과한 지 불과 9년 만에 들이닥친 병자호란. 거기서 상헌이 깨달은 것은 기존의 최고 권력자와 그를 떠받드는 신하들 무리로는 새로운 세상은 불가능하리라는 것이었다.

현상유지 정도나 가능할까, 그 이상의 신세계 도래는 언감생심(焉敢生心)이라는 것이 병자호란 마지막 체찰사의 통찰이었던 것이다. 과연 조선 역사에서 그런 세상, 임금과 백성이 함께 하는 새로운 세상은 진정 있었던가?!

한양과 남한산성

조선왕조 518년 도읍지는 한양이다. 한양을 한자로 쓰면 '漢陽'이 된다. 550년 동안 우심했던 혼란의 시기 춘추전국시대를 통일한 중국의 최초 통일왕조 진나라의 수도가 함양(咸陽)이었음을 상기하시기 바란다.

일부 극성스러운 한국 노인들은 진시황(秦始皇) 정(政)의 진나라가 오랑캐 서융(西戎)과 가까웠음을 내세워 유방(劉邦)의 한나라를 중국 최초의 통일왕조로 받들어 모신다. 그것의 외적(外的)인 표현을 조선의 수도 한양에서 부분적으로 찾을 수 있다.

어째서 진양(秦陽)이 아니라 한양(漢陽)이었을까?! 언제부터 그런 명칭으로 오늘의 서울을 불러왔을까, 궁금하다. 같은 이치로 한강은 '韓江'이 아니라, '漢江'이다. 그리하여 영화의 제목인 〈남한산성〉은 '南韓山城'이 아니라, '南漢山城'이다.

서울에는 남한산(南韓山)이 없고, 남한산(南漢山)만 있기 때문이다. 같은 이치로 김상헌이 청으로 압송될 때 불렀다는 삼각산(三角山)은 북한산(北韓山)이 아니라, 북한산(北漢山)의 별칭(別稱)이다. 어째서 이런 명칭이 아무렇지도 않게 사용되었는지 알고 싶다.

자랑스러운 우리 조상들이 그토록 사모해마지 않았다던 중화대국의 법통(法統)을 자랑한다는 한나라를 우러르고 섬기고자 지은 이름 아니겠는가?!

〈논어〉 '자로 편'에 다음과 같은 구절이 나온다. "명부정즉언불순

名不正則言不順, 언불순즉사불성 言不順則事不成, 사불성즉예악불흥 事不成則禮樂不興, 예악불흥즉형벌부중 禮樂不興則刑罰不中, 형벌부중 즉민무소조수족 刑罰不中則民無所措手足."

　　현대 한국어로 번역하면 다음과 같다. "이름이 바르지 아니하면, 말이 온전하게 나오지 아니하고, 말이 온전치 못하면, 되는 일이 없다. 일이 이루어지지 않으면, 예와 악이 흥성하지 못하고, 예악이 흥하지 아니하면 형벌이 정확하게 적용되지 아니한다. 지은 죄에 합당한 형벌이 내리지 아니하면, 백성들이 어찌할 바를 모르게 된다."

"선생님께서 장차 정치를 하신다면 무엇부터 하시렵니까?" 하는 자로의 질문에 공자는 "필야정명호!(必也正名乎!) 반드시 이름을 바르게 하겠노라!"고 답한다. 자로가 어리둥절해하자 공자가 자신의 생각에 담긴 본질적인 의미를 육단논법으로 설명한 것이 위의 인용문이다.

'이름'이 바르지 않을 경우 생겨나는 폐단을 낱낱이 열거하는 공자. 이름이 언어로, 언어가 일로, 일이 예악으로, 예악이 형벌로, 형벌이 백성들의 혼란으로 이어지는 것이다.

조선왕조 오백년을 연면부절하게 이어온 저 뿌리 깊은 '사대근성'은 도성인 한양과 한양을 감싸고도는 한강과 그 한강과 한양을 호위하는 남한산과 북한산에까지 미치고 있음을 확인한다. 이런 관행의 근저(根柢)가 한국인이 그토록 자랑스러워하는 최치원에 있음을 우리는 안다.

당나라에서 벼슬살이하고 「토황소격문」으로 문명(文名)을 날렸다는 고운(孤雲) 최치원. 그가 귀국하여 신라의 지명을 중국식으로 고치고자 진력했음을 교과서는 가르치지 않던가.

〈남한산성〉의 옥에 티

예조판서 김상헌은 대쪽 같은 인물로 그려진다. 하지만 그는 영화의 어린 등장인물 나루에게는 두 번씩이나 거짓말을 해댄다. 그 하나는 나루의 유일한 핏줄이자 생명줄인 송파나루의 사공을 처단했음에도 그의 행방을 계속 수소문하는 모양새를 취한다는 것이다.

"어제는 어가행렬을 건네주고 내일은 오랑캐들에게 길을 안내하겠다니, 그게 말이 되는 거요?!" 조선의 예조판서와는 출신성분부터 일상과 세계관까지 하나도 같을 리 없는 사공을 베어죽임으로써 후환(後患)을 줄이려했던 김상헌. 그런 늙은 사공이 거두어야 했던 일점혈육(一點血肉) 나루가 남한산성에 들어오게 되자 상헌의 시름이 깊어만 간다.

어린아이들을 유독 아끼고 사랑한다 하여 인조가 나루를 상헌에게 넘겨주지만, 예판의 얼굴은 어둡기만 하다. 오래도록 돌아오지 않는 할아비의 안부를 걱정하는 나루의 얼굴을 제대로 바라보지 못하는 상헌.

그가 영화 끄트머리에서 날쇠의 대장간을 찾는다. 상헌은 자신의 명운을 걸고 청과 대적(對敵)할 것을 주장했으나 지근(至近) 거리의 근왕병은 끝내 오지 않았다. 외려 청의 대포세례와 사다리를 동원한 대대적인 공격이 정월 보름날에 남한산성을 혼비백산(魂飛魄散)으로 몰고 가지 않았던가.

우리는 김상헌이 다급한 전황(戰況)의 한가운데서 나루를 끌어안고 보살피는 모습을 본다. 전체의 판세가 아니라, 자신이 죽인 조선민초의 어린 것을 보듬고 있는 체찰사 김상헌. 무엇인가, 이것은. 영의정이자 체찰사 김류가 무리하게 청군을 공격하다가 병사들을 헛된 죽음으로 인도한 장면과 묘하게 겹친다.

척후(斥候)도 내보내지 않고 무당의 점괘만을 믿고 의지하였던 체찰사 김류. 국운이 명재경각(命在頃刻)에 달렸건만 조선군 수장 체찰사 직함의 김상헌은 대포의 굉음과 가공할 파괴력 앞에 납작 엎드려 있을 뿐이다.

날쇠에게 나루를 맡기고 나서야 "나는 당면할 일을 당면할 뿐이다." 하고 의연한 자세를 보이는 체찰사 김상헌. 날쇠는 정묘호란 때 아내와 아이를 잃고 남한산성에 들어온 인물로 설정돼 있다. 그러므로 나루의 나이는 최소한 열 살은 되어야 한다.

그러나 〈남한산성〉의 어린아이 나루는 예닐곱 살이나 되었을까. 너무나 어리고 작은 계집아이를 열 살짜리로 둔갑시킴은 아역배우 찾기가 고단한 일임을 감독이 자인(自認)하는 것 말고 또 무엇을 말하는가?!

1805년 현동 정동유 선생이 지었다는 『주영편(晝永編)』에는 조선에 없는 졸렬(拙劣)한 풍속 세 가지가 나온다. 그 하나가 바늘이고, 그 둘이 양(羊)이며, 그 셋이 수레다. 불과 이백여 년 전에 이 나라에 바늘이 없었다니, 참으로 딱한 노릇이 아닐 수 없다.

현동 선생이 말하는 바늘은 물론 쇠바늘이다. 조선의 사대부 아녀자들은 알음알이로 바늘을 구해다 썼다. 우리는 그것을 순조 때 써졌다는 유씨부인의 「조침문(弔針文)」을 통해서 이미 알고 있다.

소, 말, 개, 돼지, 닭과 더불어 전통적인 가축인 육축(六畜)에 들어 있던 양이 없던 것은 충분히 이해할 수 있다. 조선의 기후와 풍토가

양을 사육하기에 적합지 않은 것이리라. 그러하되 수레가 없었다는 것은 정말 수수께끼다.

인류가 말을 기르기 시작한 이후 재갈과 고삐 그리고 등자(鐙子)가 발명됨으로써 훗날 크고 작은 전쟁에서 중차대한 구실을 한 것이 전차(戰車)다. 전시 아닌 평시에는 우마차가 각종 공사물자와 화물운송에 긴요했음은 불문가지의 일이다.

그런데 19세기 초까지도 조선에 수레가 없었다니, 어안이 벙벙할 따름이다. 동양의 고전 중의 고전인 〈삼국지〉에 학익선(鶴翼扇)을 들고 마차에서 전군(全軍)을 지휘하는 제갈공명 이야기는 삼척동자도 익히 알고 있다. 대체 이 나라의 허다한 선비들은 그런 수레를 보기라도 한 것인가.

〈열하일기〉의 저자 연암 박지원 선생은 "조선의 백성들이 굶주리고 도탄(塗炭)에 빠져 있는 것은 모두 사대부들의 잘못"이라고 일갈했다 한다. 이미 중국에서는 이천년 훨씬 이전에 일상화됐던 수레가 조선에 없었다니 말이 되는가?!

그래서일까. 영화에서 병사 하나가 손수레를 끌고 가는 장면이 나온다. 1637년 한겨울 추위에 남한산성에서 바지런한 몸짓으로 수레를 끌고 가는 조선병사. 이런 옥에 티가 못내 아쉬운 영화가 〈남한산성〉이다.

글을 마치면서

영화가 끝날 무렵 영화관 안으로 두 남녀가 화급(火急)하게 발걸음을 들인다. 조명이 환하게 들어오고 자막이 흐릿해져서야 비로소 나는 자리에서 일어선다. 그제야 확인할 수 있었다.

11월 초하루 9시 10분 조조할인 〈남한산성〉의 유일무이한 관객이 나였음을. 뭔가 이상한 느낌이 찾아들었다. 허전하기도 하고 상큼하기도 하고 쌉싸름한 맛이 느껴지기도 하고. '상당히 잘 만든 영화인데, 이토록 관객이 들지 않다니…'

2011년 개봉한 김한민 감독의 영화 〈최종병기 활〉에는 747만 관객이 들었다고 한다. 병자호란을 배경으로 한 애국적인 영화가 〈최종병기 활〉이다. 쥬신타가 이끄는 육량시(六兩矢)의 청나라 대군에 맞서 조

선 최고의 궁수 남이가 연전연승하는 영화 〈최종병기 활〉.

그랬으면 얼마나 좋았을까, 하는 희망사항으로 만들어진 '국뽕영화' 〈최종병기 활〉. 2016년에 개봉된 〈덕혜옹주〉 역시 같은 길을 걸어서 560만 관객을 불러 모은다. 왜들 그럴까?!

역사는 그것이 영화라 해도 왜곡되어서는 안 된다. 아무리 불편하고 아쉽다 해도 역사적 사실을 엿가락 주무르듯 훼손해서는 안 된다. 상상력의 범주와 허용 가능한 사실의 영역이 엄존한다. 영화나 드라마로 역사를 배우는 어린것들이 점차 늘어가는 21세기 영상의 시대에 연출가와 영화감독은 영화의 상상력과 역사적 사실 사이의 명징한 변별점은 확인해야 한다. 그래서일까. 영화 〈남한산성〉에 대한 불편한 마음과 냉랭한 평가가 인터넷에 차고 넘친다.

우리는 성공한 역사, 성공한 인간, 성공한 신화를 기대한다. 하지만 우리는 실패한 역사, 실패한 개인, 무너져버린 신화에서 배워야 한다. 오늘날 누구나 입을 모아 4차 산업혁명을 말한다.

정보통신이 주축을 이루어 인류역사의 신기원(新紀元)을 만들어가는 중차대한 시기라고 한다. 더 이상 그리스-로마신화 같은 이야기가 21세기에는 가능하지 않다고들 말한다. 과학과 기술이 포획(捕獲)한 역사적-신화적 상상력의 참람(僭濫)한 추락이 우리 곁에 있다.

그럴진대 처절하게 패배한 병자호란의 민낯을 낱낱이 그려낸 영화 〈남한산성〉을 차갑게 외면하는 것은 시대착오적으로 보인다. 병자호란과 불과 한 세대 거리를 둔 임란시절 "왜군은 얼레빗, 명군은 참빗"이라는 참담한 전란을 겪고도 반성하지 않은 썩어문드러진 군왕과 그를 보필한 문무백관들의 낯빛이 우울하게 다가온다.

영화에서 인조가 보듬었던 상헌과 명길이 있었기에 그나마 사직을 보존할 수 있었던 무능하고 무기력한 조선왕조의 역사에서 우리는 무엇을 배울 것인가, 그것을 영화 〈남한산성〉에서 깊이 생각해야 할 것이다.

강철비

감독 양우석
출연 정우성, 곽도원
장르 액션 / 드라마
개봉 2017년

〈강철비〉에서 돌아보는 남과 북

2013년 말 2014년 초에 천만관객 영화 〈변호인〉으로 한국사회를 뜨겁게 달군 초짜감독 양우석. 그가 4년 만에 〈강철비〉를 가지고 영화판으로 돌아왔다. 1,137만 관객을 불러 모은 〈변호인〉은 12월 18일 개봉됐고, 지난 12월 14일 개봉된 〈강철비〉는 440만 관객을 돌파했다. 신출내기 감독으로 스타덤에 오른 양우석이지만, 그에게는 깊은 울림과 역사의식이 느껴진다.

수구세력의 집요한 모욕주기로 삶의 마지막 줄을 놓아버린 열렬한 인간 노무현의 신산한 청춘과 변호사 시절을 회고하면서 당대를 성찰하도록 인도한 영화 〈변호인〉. 2012년에는 〈광해, 왕이 된 남자〉가 개봉되어 1,232만의 관객을 동원한다. 이 두 편의 영화는 우리시대에 진정으로 필요한 최고 권력자는 어떠해야 하는가, 라는 공통의 문제의식에서 출발한다.

　임진왜란 직후의 조선군왕 광해의 권력과 21세기 대한민국의 대통령 노무현의 권력을 수평으로 상정할 수는 없다. 그러하되 최고 권력자와 지배집단의 통치이념과 역사의식, 대외관계 설정 같은 대목은 비교해볼 수 있다. 그런 점에서 우리는 2012년-14년의 집권자들과 여당인 새누리당의 부패, 무능, 타락, 패거리주의를 떠올릴 수 있다. 그러나 여기까지만 말하자.

영화로 제작된 것은 〈변호인〉이 앞서지만 기획은 〈강철비〉가 먼저였다. 양우석은 포털사이트 '다음'에서 2011년부터 〈스틸 레인〉이라는 웹툰을 연재하여 천만 뷰를 기록한다. 만화가 '제피가루' 김태건이 그림을 그리고, 양우석이 글을 담당한 웹툰 〈스틸 레인〉. 따라서 영화 〈강철비〉는 양우석 감독의 관점과 내면세계가 다각도로 담긴 작품이라 할 수 있다.

스틸 레인(Steel Rain) 혹은 강철비

'스틸 레인'은 미국의 다연장 로켓포에서 발사하는 로켓포탄을 가리킨다. 집속탄(集束彈)이 폭발하면서 수만 발의 강철탄환이 흩뿌려지는 까닭에 '강철비'라 불린다. 1991년 미국과 이라크의 걸프전 당시 이것을 본 이라크군이 붙여준 별명이라고 전한다. '스틸 레인'은 살상 반경이 너무 커서 세계 140개국 이상이 사용 금지협약을 맺은 대량 살상 무기이기도 하다.

양우석은 '스틸 레인'의 한국어 번역인 〈강철비〉를 제목으로 삼았다. 왜 그런가?! 감독의 말을 들어보자.

"남과 북을 둘러싼 현재의 전체적인 정황이 어쩌면 우리가 제대로 준비하지 못한다면, 언제든 무서운 상황으로 돌변할 수 있다는 것을 중의적(重意的)으로 이야기하고 싶었다."

남과 북의 분단과 관계악화, 그로 인한 4대강국의 이해관계 충돌,

북한내부의 심각한 분열과 정변(政變) 같은 상황을 미리 대비하지 않는다면 어떻게 될까, 하는 감독의 문제의식.

그는 기자 간담회에서 이보다 진척된 관점을 내비친다.

"〈강철비〉 프로젝트는 지난 2006년 1차 핵실험 이후에 시작했다. 1953년 휴전이후 남북전쟁의 위기가 몇 차례 있었지만 핵전쟁은 아니었다. 2006년 이후 한반도에서 전쟁이 난다면 핵전쟁일 가능성이 높아 그런 문제에 천착(穿鑿)하게 됐다. 북한과 북핵에 대한 우리사회의 인식은 정면으로 바라보기보다는 회피하는 것 같다. 영화를 통해 북한과 북핵, 우리 동포들과 남북 정치구조, 남북을 보는 주변국의 입장에 대해 공유하고 싶었다."

상상의 전쟁과 남북 권력자

2017년 연말 북한 국무위원회 위원장 김정은과 트럼프의 가시 돋친 설전이 이어지면서 한반도에는 전운(戰雲)이 짙게 감돌았다. 2018년 1월 초하루 김정은이 신년사에서 '평창 올림픽' 참가를 밝히면서 일촉즉발의 위기상황이 화해와 상생 분위기로 급변한다. 그럼에도 화천 산천어 축제에 수만의 인파가 몰리는 현상이 미국인들에게는 낯설게 보이는 모양이다.

지난 1월 7일 미국 ABC 방송사는 "북한 국경에서 몇 마일 떨어지지 않은 화천에서 수만의 한국인들이 얼음낚시를 즐긴다."고 보도했

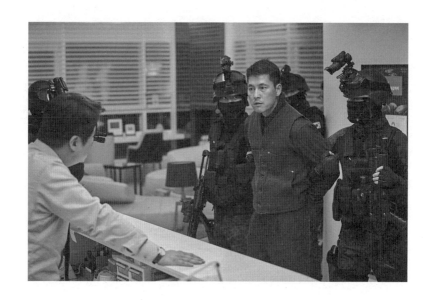

다. 아이들의 웃음소리와 대중가요가 요란하게 울려 퍼지는 축제 현장에서 북핵위기를 느끼지 못한 채 즐거워하는 한국인들의 행태가 미국인들에게는 기이한 듯하다. 그렇게 우리는 오랜 세월 '양치기 소년'처럼 길들여져 살아왔다.

우리 머릿속에 제2의 한국전쟁은 존재하지 않는다. 남과 북에 어떤 긴장과 위기상황이 발생한다 해도 전쟁은 결코 없다는 것이 우리의 믿음이자 소망이다. 영화 〈강철비〉의 상상이 낯설고도 새로운 까닭이 거기 있다. 상상의 남북전쟁을 추동하는 것은 북한의 군부실세인 정찰총국장 리태한이다. 그는 최고 권력자 김정일의 직무유기를 묵인(黙認)할 수 없다.

리태한은 1995년부터 1998년까지 북한을 강타한 '고난의 행군' 시기에도 핵개발을 멈추지 않은 권력자가 핵을 권력유지에만 사용해온 사실에 주목하고 군부 쿠데타를 도모한다. 그는 대를 이은 충성에 반대하고 스스로 권력을 장악하고자 한다. 감독의 상상력은 '북한에 정변이 발생한다면 누가 주역이고, 어떤 일이 벌어질 수 있을까?!' 하는 지점까지 도달한다.

북한의 정전협정 폐기와 선전포고로 남한권부는 두 갈래로 갈라선다. 임기만료를 목전에 둔 현직 대통령은 일전불사(一戰不辭)를 외치고, 차기 대통령은 전쟁불가(戰爭不可)를 주장한다. 호전적이고 야만적인 북한을 궤멸시켜 민족사에 빛나는 이름을 새기려는 보수 대통령.

다수국민의 안위를 먼저 걱정하며 전쟁은 절대 없어야 한다는 역사의식으로 무장된 진보 당선자.

전쟁을 바라보는 미국과 중국

골칫거리이자 이중적인 행태를 보여 온 북한을 지도상에서 지워버리려는 한국의 대통령을 고무(鼓舞)하는 것은 미국 국무부다. 미국은 한국정부의 요청을 방패삼아 핵으로 북한을 선제공격함으로써 자국의 위상을 높이고 아시아의 맹주자리를 다질 요량이다. 하지만 그런 와중에도 미국은 자국민을 보호하고, 안전지대 일본으로 그들을 이송하는 계획을 촘촘히 실행한다.

영화에 등장하는 '작계5027'은 낯설지 않다. 북한의 선제공격 같은 전시상황을 대비하려고 만들었다는 한미연합군의 '작계5027'. 그러나 작전권은 오직 미태평양사령부에게 귀속돼 있다. 〈강철비〉에서 선제 핵공격을 미국에게 요청한 남한 대통령이 그것을 철회해달라고 하자 미 국무장관은 당신들이 요구했던 것이 '작계5027' 아니냐고 반박한다. 대한민국의 전시작전통제권이 환수되고 한미연합사령부가 사라지면 '작전계획5027' 역시 폐기될 것이다.

중국을 대표하는 외교부 고위인사로 등장하는 리선생은 본디 조선족이다. 곽철우가 그것을 말하자 리선생은 정색하며 자신은 어디까지나 중국인이라고 단언한다. 중국의 55개 소수민족 가운데 하나인

조선족 출신이기는 하지만, 자신은 오직 중국의 이익을 위해서 복무하는 사람임을 명확히 하는 것이다. 그럼에도 그는 말한다. "막을 수만 있다면 이 전쟁, 막으시라요!"

영화 〈남한산성〉에서 정명수가 영의정 김류에게 일갈하는 대목과 사뭇 다르다. 조선의 노비 출신으로 청나라에 귀화하여 용골대의 하수이자 통역으로 일하는 정명수. "조선에서 노비가 사람 축에라도 낀답디까?! 난 더 이상 조선 사람이 아니오. 대 청국 사람이니 앞으로 그런 얘기는 일체 꺼내지도 마시오."

청나라가 됐든 현대 중국이 됐든 그들의 제1차적인 목표는 자국의 방위와 안전이다. 남과 북의 화해와 통일에 관심 없다는 얘기다. 하지만 북에 군사정변 같은 특수상황이 발생하게 되면 그들은 원산만 이북지역의 통제권을 요구할 가능성도 없지 않다. 668년부터 676년까지 신라가 감당해야 했던 대당전쟁의 결과로 획정된 당대 양국의 국경선을 연상해보시라.

남과 북의 사람들

〈강철비〉의 두 주인공 엄철우와 곽철우는 북의 최정예요원과 남의 외교안보수석이다. 두 사람은 닮기도 하고 다르기도 하다. 한글이름은 같지만 한자로는 서로 다르다. 둘 다 40대 초반 나이로 국가 중대사에 연루되어 있다. 엄철우는 아내와 딸을 지극히 아끼고 사랑하

는 가장(家長)이다. 곽철우는 '돌싱'으로 아이들을 좋아하지만 전처(前妻)와는 서먹한 사이다.

엄철우의 딸은 아버지 몰래 남한의 가수 '지드래곤' 노래를 듣는다. 그가 대화중에 '지디'를 묻자 곽철우는 "알지. 걔 모르면 간첩이야." 하고 답한다. 객석에 웃음이 퍼진다. 북한 최정예요원에게 '간첩' 운운하는 남한 외교안보수석의 너스레가 영화의 팽팽한 긴장을 이완한다. 곽철우는 운전하면서 지드래곤의 노래 〈삐딱하게〉를 열창하면서 몸까지 흔들어댄다.

영화에서 흥미로운 장면은 산부인과 의사 권숙정이 112에 전화하는 대목이다. 그녀는 '북한1호'를 북한의 '대통령'이라고 부른다. 남한의 대표 지식인인 의사가 북한 최고 권력자의 공식호칭을 알지 못하는 남한사회. 〈강철비〉에서 엄철우가 개성공단에서 동반한 여공 두 사람이 김정일을 '위원장 동지'나 '장군님'으로 부를 때 권숙정은 얼마나 당혹스러웠을까?!

서울 왕십리에서 개성공단 입구까지 버스로 50분 남짓 걸린다. 그렇다면 경기도 파주에 위치한 산부인과와 휴전선까지는 얼마나 걸릴까. 그럼에도 절대다수 한국인들은 그걸 잊고 살아간다. 마치 휴전선이 없거나, 있다 해도 남의 일인 것처럼 생각한다. 분단의 엄혹한 현실도, 북한의 실정도, 분단상황을 어떻게 극복해야 할 것인지도 별로 염두에 두지 않는다.

분단으로 장사해먹고 사는 인간들

〈강철비〉에서 우리는 곽철우의 시각으로 양우석의 관점을 이해한다. 영화 초반에 외교안보수석 곽철우가 학생들을 대상으로 강연하는 장면이 나온다. 2차 대전 이후 분단된 도이칠란트와 한반도가 명징하게 대비된다. "전쟁을 일으킨 도이칠란트가 분단됐으면, 아시아에서는 당연히 일본이 분단되어야 했는데, 왜 우리가 분단된 거죠?!" 억울하단 표정으로 그가 묻는다.

영화 중간에 곽철우는 엄철우에게 분단에 관한 자신의 생각을 명확하게 밝힌다.

"분단국가 국민들은 분단 자체보다 분단을 정치적 이득을 위해 이용하는 자들에 의하여 더 고통받는다."

엄철우는 곽철우의 이런 생각을 영화 말미에 고스란히 반복한다. 그것은 분단을 각자의 이해관계에 따라 이리저리 재단(裁斷)하고 이득을 취하는 남과 북 모두의 정치적 승냥이 무리를 겨냥한다. 양우석이 영화 〈강철비〉에서 진정 하고 싶었던 말은 그것일 것이다. "분단을 이용해 교묘하게 자신들의 이득을 취하는 무리가 남에도 북에도 모두 존재한다!"

국정농단으로 정권이 교체되고 503호가 수감돼 있지만, 여전히 한국 사회에서는 '안보장사'로 목청을 돋우고 정치권력을 연장(延長)하고 유지하는 세력이 엄존한다. 그들은 지난 70년 동안 안보, 안보, 안보를 떠들어왔다. 정치적 위기가 닥치면 간첩을 양산(量産)하고 각종 악법을 만들어 국민을 겁박했다. 장구한 세월 그런 협박은 국민을 '양치기 소년'으로 만들었다.

안보 불감증을 걱정하는 자들이야말로 안보를 가지고 크게 한밑천 잡은 장사치거나 그 후예다. 제4차 산업혁명이 아침저녁으로 회자되는 광속의 시간대를 살면서도 우리는 '안보'라는 지난시대의 유령에 시달리고 있다. 20세기 광포한 냉전시대 이데올로기에 익숙한 정치집단과 우두머리들의 퇴행적이고 시대착오적인 안보장사 행악질은 이제는 종식(終熄)돼야 한다.

글을 마치면서

〈강철비〉의 장르는 복잡하다. 상당한 CG 작업으로 가상(假想)의 전쟁을 다루는 에스에프 영화이자, 엄철우와 최명록의 대결이 백미인 액션 스릴러이며, 곽철우와 엄철우의 가족을 그리는 드라마이자, 남과 북의 정치적 갈등과 충돌을 그린 정치 드라마라고 볼 수도 있다.

어디 그뿐인가. 북한의 쿠데타와 선전포고 및 대북 핵 선제공격에 대한 미국과 중국의 대응을 다룬 첩보영화이기도 하다. 온갖 장르가 혼합돼 있다. 그만큼 한반도 문제가 복잡다기하단 증거다. 〈강철비〉에서 관객은 북핵과 관련한 일본의 제한적인 역할과 러시아의 배제를 목도한다. 시간제약 탓이지만, 러시아와 일본도 한반도 명운과 결부돼 있음을 우리는 기억한다.

뜻밖에 〈강철비〉의 관객은 많지 않다. 잘 만들어진 역사영화 〈남한산성〉에 385만 관객이 들었다며 위로하기엔 다소 실망스런 수치다. 한반도를 둘러싼 국제기류가 심상치 않은 시점에 개봉된 영화라는 점에서 더욱 그러하다. 하지만 어쩌랴?! 관객을 강제할 수는 없는 노릇. 그럼에도 우리는 〈강철비〉의 문제제기와 양우석의 주장에 귀 기울여야 할 것이다.

"한반도에서 전쟁은 절대 불가다! 더욱이 핵전쟁은 말할 나위도 없다! 우리가 처한 현실을 냉정하게 살피고 어떤 정세 변화에도 대응할 준비태세를 갖추어야 한다. 그러기 위해서라도 우리는 휴전선 이북에 엄존(儼存)하는 북한의 실체적 진실에 더 많은 관심을 가져야 한다."

1987

감독　장준환
출연　김윤석, 하정우, 유해진, 김태리
장르　드라마
개봉　2017년

〈1987〉에서 돌아보는
6월 항쟁과 인간군상

  1987년, 그해 여름은 뜨거웠다. 6월 10일, 18일, 26일로 이어진 평화 대행진으로 서울은 물론 부산, 광주, 대구, 인천 할 것 없이 전국이 후끈 달아올랐다. 한국 현대사의 분수령이 된 87년 평화 대행진을 다룬 〈1987〉이 1월 28일 700만 관객을 돌파했다. 〈강철비〉, 〈신과 함께〉, 〈1987〉은 지난 연말 개봉되어 화제를 몰고 온 작품들이다.

  〈신과 함께〉는 1,400만 관객에 육박했지만, 〈강철비〉는 450만도 버거워 보인다. 주호민의 만화를 원작으로 '헬조선'을 담고 있는 〈신과 함께〉가 순항하고 있는 반면에, 핵과 쿠데타를 소재로 북한의 지금과 여기를 다룬 〈강철비〉는 비교적 약세다. 탄탄한 서사구조와 핵이란 현재진행형 사안을 다루고 있음에도 객석의 호응도는 높지 않다.

  '87체제'를 성립시키는 데 결정적으로 작용한 평화 대행진은 그

동안 영화나 소설 혹은 드라마로 다뤄지지 않았다. 그런 면에서 장준환 감독이 사건의 핵심을 제대로 짚어낸 듯하다. 전인미답의 길을 가는 사람의 조심성과 대담성이 조화를 이루고 있는 〈1987〉. 누군가는 잊을 수 없는 옛일을 돌이키고, 누군가는 경이롭게 바라보는 영화 〈1987〉.

정의와 불의, 그 선명한 이분법

흑과 백, 아군과 적군, 선과 악 같은 이분법은 힘이 세다. 선택지가 두 개밖에 없기 때문이다. 반면에 이분법은 상황이나 판단기준을 너무 단순화함으로써 대상을 다양한 각도로 바라보는 기회를 원천 봉쇄한다는 단점도 있다. 〈1987〉의 기본적인 동력은 선과 악, 정의와 불의가 벌이는 건곤일척의 승부라는 이분법적인 구도에서 나온다.

영화는 '정의'라는 어휘를 반복해서 보여주고 들려준다. 학살정권의 수괴가 걸린 사진 위에는 '정의사회구현'이란 여섯 글자가 뚜렷하다. 지금 봐도 뜨악하지만, 당시에도 포복절도할 노릇이었다. 학살자 무리가 선점해버린 어휘 '정의' 내지 '정의사회'의 바닥 모를 생경함이라니! 그들의 뇌구조는 어떻게 돼먹었을까, 하는 궁금증이 일곤 했다.

명동성당에서 박종철 고문치사 사건과 가담자들에 대한 사실을 발표하는 김승훈 신부는 '정의구현사제단' 소속이다. 군부와 사제단은 같은 어휘를 쓰고 있는데, 전자는 권력을 독점하고 국민을 강제하

는 집단이며, 후자는 그들의 본질을 폭로하고 정의를 실현하려는 집
단이다. 양자의 충돌과 갈등을 축으로 〈1987〉은 다각도로 촘촘하게
진행된다.

학살자를 옹위하는 무리는 대공경찰과 공안조직, 안전기획부와
정부의 보도지침에 순응하는 언론이다. 사제단을 돕는 세력은 정치
범, 수배중인 운동가와 양심적인 교도관 등이다. 언뜻 보면 양자 대결
은 골리앗과 다윗의 싸움처럼 보인다. 하지만 역사가 입증하는 것처
럼 골리앗은 쓰러져 패배를 인정해야만 했다. 정의는 단순하지만 힘
이 있다.

가족의 이름으로, 국가의 이름으로

〈1987〉에서 불의를 대표하는 세력의 주인공은 누구인가. 학살수 괴도 안기부장도 아닌 대공수사처장 박처원이다. 빨갱이 색출에 눈이 시뻘건 치안감 박처원. 그를 작동시키는 것은 해방공간 북에서 겪은 가족몰살이었다. 교도관을 고문하면서 그는 말한다.

"세상에서 제일 끔찍한 지옥이 뭔지 아네? 가족이 다 죽어 나가는데 아무것도 못하는 기야. 마룻바닥 아래서 식구들이 죽는 걸 두 눈 뜨고 지켜보는 거, 그게 바로 지옥이야."

국가의 이름으로 고문기술자 이근안을 대공수사에 끌어들이고, 친일악질경찰 노덕술의 악랄한 수사기법을 이어받아 써먹은 박처원. 그는 어린 시절 생생하게 목격했던 가족의 참살장면을 잊을 수 없다. 가족의 이름으로 대공처장을 압박한 이데올로기. 그것이 거꾸로 작용한 1987년 남영동 대공분실 고문현장. 역사의 아이러니는 그렇게 흘러간다.

"잘 가그라, 종철아. 이 아부지는 아무 할 말이 없데이."

고문으로 죽어간 종철의 유골을 얼어붙은 강에 뿌리며 종철의 부친이 절규한다. 왜 죽었는지, 누가 죽였는지, 어떻게 죽었는지, 단 하나의 진실도 알지 못한 채 스물두 살 생때같은 아들을 화장해야 했던 아버지. 가족의 대표로서 그는 아무것도 할 수 없다. 국가의 이름으로 5공의 공권력이 무한폭력을 행사할 때 개인은 침묵과 굴종으로 견뎌야 했다.

또 하나의 가족

〈1987〉이 무겁고 어두운 면모로 일관했다면 객석이 썰렁했을지도 모른다. 영화를 잠시 다른 각도로 인도하는 가족이 등장한다. 연희 일가다. 편모 슬하에서 연세대 87학번으로 나오는 연희는 교도관인 외삼촌과 친근한 관계다. 그녀는 정치적인 사건이나 사회현상에 태무심하고, 열아홉 살 신입생이 그렇듯 영화배우나 유행가에 열광한다.

외모와는 달리 외삼촌은 심각하고 중대한 조직 혹은 사건과 관련되어 있는 듯하다. 연희는 그런 외삼촌이 달갑지 않다. 그녀에게도 아

버지의 예기치 못한 죽음이 범상치 않았기 때문이다. 그녀는 믿었던 사람들의 배신으로 아버지가 세상과 작별했다고 믿는다. 그녀의 머릿속에 단단하게 똬리를 틀고 있는 하나의 생각이 있다.

"그런다고 세상이 변해? 삼촌이 바라는 그런 세상은 절대 오지 않아."

연희가 우연히 이한열과 알게 되면서 사건이 사랑이야기처럼 변한다. 광주의 아들 한열이 보여주는 '광주항쟁' 비디오가 연희를 뒤흔든다. 하지만 연희는 한열의 편에 가담하지 않는다. 권력으로 모든 것을 좌지우지하는 가진 자들의 세상이 너무도 견고하고 두려웠던 탓이다. 달걀로 바위를 쳐봐야 달걀만 깨질 것이기 때문이다.

그런 가족관계를 박처원은 교묘하게 이용한다. 가족을 위해 알고 있는 사실을 털어놓는 교도관 한병용. 빨갱이 색출이라는 목적달성을 위해 물불 가리지 않는 권력의 주구 박처원. "너 하나 죽어도 아무도 몰라"라고 했던 고문자들의 말이 귓전에 생생하다.

87항쟁은 어떻게 승리했는가?!

80년 5월, 서울의 봄이 무너지고 광주민중항쟁이 대대적인 민간인 학살로 끝났을 때 대한민국은 너무나 고요했다. 죽음과도 같은 침묵과 절대고요가 한국사회를 지배했다. 학살자들은 권력을 장악하고 전리품을 나눴다. '붕우유신'을 신봉한 학살수괴는 대권을 친구에게

넘기려 했고, 이른바 4.13 호헌조치로 체육관 선거를 되풀이하고자 했다.

호헌조치에 반대하는 교수들의 시국선언이 나오고, 6월 10일 평화 대행진이 기획된다. 6월 9일 일어난 한열의 최루탄 피격은 6월 항쟁을 뜨겁게 달군다. 고각도로 발사해야 할 최루탄을 전경이 수평으로 발사한 것이다. 〈1987〉은 이 장면을 여러 번 반복한다. 정권에 저항하는 국민을 학살자들이 어떻게 생각하고 대하는지 입증하는 장면이다.

〈1987〉에서 우리는 6월 항쟁의 하이라이트인 '명동성당 농성투쟁'을 보지 못하는 아쉬움을 견뎌야 한다. 그 대신 박종철에서 이한열로, 이한열에서 연희로 이어지는 청년학도의 열혈투쟁을 본다. 최환 부장검사, 황적준 법의학 교수, 동아일보 윤상삼 기자, 한병용 교도관 등으로 이어지는, 침묵하던 세대의 저항과 강력한 투쟁의지도 확인한다.

이부영과 김정남, 거리거리에서 학생들을 숨겨주고, 먹을 물을 주고, 투쟁에 동참한 숱한 시민들이 화면을 채운다. 여러 번 봐도 가슴 벅찬 대목이다. 특별한 개인이나 영웅이 87항쟁을 성공으로 인도한 것이 아니라, 자유와 민주를 사랑하는 이 나라의 모든 시민 하나하나가 항쟁의 주역임을 영화는 밝힌다. 장준환이 만든 〈1987〉의 힘이다.

87체제와 옥에 티

영화를 보면서 두 사람이 떠올랐다. 김영삼과 김대중. 1991년 노태우, 김종필과 3당 합당으로 대선에서 승리한 김영삼. 1997년 김영삼의 뒤를 이어 대권을 잡은 김대중. 그들의 분열과 3당 야합으로 지금까지 우리는 분열과 대립으로 고통 받고 있다. 숱한 청춘을 민주의 제단으로 보낸 정치가들의 권력욕과 그 처참한 결과가 생각나는 것이다.

종철이가 죽음으로 지켜낸 박종운의 행보는 어떤가. 학살자들의 정당 민정당의 후신 한나라당에 2000년 입당하여 경기도 부천시 오정구의 16대 국회의원 후보가 된 박종운. 그는 "이명박과 함께! 뉴타운+지하철!"이라는 홍보 포스터에서 행복에 겨운 얼굴로 웃고 있다.

17대 국회의원에 출마한 그는 홈페이지에 이런 글을 남겼다고 한다.

"종철이가 살아 있었다면 나와 같은 길을 걸었을 것이다. 경제민주화에 역행하는 노무현 정권을 심판하는 것이 현재의 민주화 투쟁이다."

〈1987〉에도 작지만 옥에 티가 있다. 여대생들이 남자선배를 '오빠'라고 부르는데, 당시에는 그런 호칭을 쓰지 않았다. 남녀 불문하고 '형'이라 부르는 게 일반적이었다. "좋은 하루 되세요!"라는 말도 나오는데, 그것은 한참 후에 등장한 국적불명의 인사말이다. 마치 언제 봐도 요상한 "아침식사 됩니다!"처럼 말이다.

신과함께—죄와 벌

감독 김용화
출연 하정우, 차태현, 주지훈, 김향기
장르 판타지 / 드라마
개봉 2017년

〈신과 함께〉,
왜 1,400만이 이 영화를 보았을까?!

영화를 보면서 지난날을 돌이키는 수가 있다. 〈1987〉을 보면서 87년 6월의 덥고 습한 여름과 자욱한 최루탄 연기, 지랄탄의 습격과 연발탄의 굉음을 떠올렸다. 장삼자락에서 유인물을 꺼내 나눠주던 개운사의 승려들, 두려운 얼굴로 시위대를 바라보는 행인들, 방독마스크를 쓴 채 학생들을 추적하던 사복들, 경적 울리는 택시와 버스기사들.

30년 전 6월 10일, 18일, 26일 뜨거웠던 사흘이 〈1987〉로 되살아났다. 그것은 기억의 지층(地層)에 켜켜이 쌓여있던 아슴푸레한 사건과 관계를 동반한다. 눈물겹도록 아프고, 등줄기 서늘할 만큼 두렵고, 가슴 터지도록 뭉클한 시위대의 장렬한 투쟁현장이 눈앞에 삼삼하다. 망각의 늪에 퇴적암처럼 깔려있던 기억을 되살려내는 시공간 〈1987〉.

1,400만이 넘는 관객을 동원한 〈신과 함께 - 죄와 벌〉(이하 〈신과 함께〉)은 〈1987〉과 다른 각도에서 지난날을 반추하도록 우리를 인도한다. 짧은 기간에 한정된 그 사흘의 기억이 아니라, 살아온 모든 날들과 관계와 사건을 돌아보게 하기 때문이다. 영화를 보면서 내가 몇몇 장면에서 적잖게 불편하고 괴로웠던 데는 이유가 있는 게다.

『불설수생경(佛說壽生經)』에 이르기를, 사후 49일 동안 인간은 7개 지옥을 지나가야 한다. 살인지옥, 나태지옥, 거짓지옥, 불의지옥, 배신지옥, 폭력지옥, 천륜지옥이다. 저승의 권력자 염라대왕이 살아생전 망자가 행한 살인과 나태, 거짓과 불의, 배신과 폭력, 그리고 천륜의 죄를 낱낱이 확인하고 단죄(斷罪)한다. 곳곳에서 확인하는 나의 죄!

정의로운 망자 자홍

〈신과 함께〉는 주호민의 만화를 원작으로 한다. 그러하되 원작을 그대로 모사하지 않고 나름대로 손질하여 영화의 고유한 맛이 나도록 가꾼다. 살신성인의 자세로 불길 속에서 사람을 구해내는 소방대원 자홍의 형상도 그렇게 만들어졌다. 절체절명의 순간에 자신의 목숨이 아니라, 일면식(一面識)도 없는 인간을 살리려는 거룩한 자홍.

저승차사 해원맥과 덕춘이는 자홍을 저승입구인 초군문으로 안내한다. 죽은 자홍은 어리둥절하지만 덕춘이는 만면에 웃음을 띤다. 그도 그럴 것이 자홍은 19년 만에 나타난 귀인이기 때문이다. 덕춘의

말에 따르면 "자홍은 1593년 죽은 논개 이후 423년 만에 저승의 일곱 재판을 무사히 통과할 확률이 가장 높은 정의로운 망자"다.

초군문에서 그들 3인을 기다리고 있는 또 다른 차사 강림. 강림은 저승차사이자 동시에 변호사로 자홍의 무죄를 입증할 임무가 있다. 원작의 진기한 변호사 몫을 강림이 도맡는 형국이다. 삼차사가 자홍을 맹렬하게 변호하는 것은 그들의 이해관계와 관련돼 있다. 천 년 동안 49명을 환생시키면 그들도 인간세상으로 돌아갈 수 있기 때문이다.

관객은 자홍과 차사들과 함께 지옥을 지나면서 살아온 날을 돌이키게 된다. 그런데 원작의 회사원 자홍을 소방대원으로 만든 감독의 혜안이 놀랍다. 불행한 일이지만 작년 12월 21일 제천에서, 지난 1월 26일 밀양에서 화재가 발생해 모두 68명의 고귀한 인명이 희생됐기 때문이다. 영화 첫머리 대규모 화재장면의 데자뷰가 새삼스럽다.

공간이동, 이승과 저승

〈신과 함께〉의 부제(副題)는 '죄와 벌'이다. 나폴레옹 같은 초인을 꿈꾸며 완전범죄를 실행하려는 라스콜리니코프를 그려낸 도스토예스키의 『죄와 벌』과는 결이 다르다. 인간내면 깊숙한 곳에 자리하는 죄의식의 극복여부를 가늠하려는 영혼의 소유자가 겪는 스릴러 『죄와 벌』과 달리 〈신과 함께〉는 간명하게 이승의 죄와 저승의 벌을 다룬다.

영화가 만화보다 재미있는 것은 컴퓨터 그래픽을 통한 자유로운 공간이동과 평면의 입체화 덕이다. 웹툰의 공간 제약에서 벗어나 대형화면과 음향이 보족하는 공간은 객석의 상상력과 결합하여 오락의 요소를 강화한다. 이런 점에서 이승과 저승을 넘나드는 강림의 공간이동은 〈신과 함께〉의 오락성과 더불어 '헬조선'의 면모를 극화한다.

자홍의 동생이자 말년병장 수홍이 관심사병 동연과 악연을 맺는 장면은 21세기에도 지속되는 군대문제를 극대화한다. 김광석의 〈이등병의 편지〉를 가사만 바꿔 부르는 두 사람. 불의의 총기사고를 당하는 수홍과 그것을 신속하게 수습하려는 박 중위. 승진과 가족생계가

달린 가장의 필연적인 선택으로 사건과 관계가 뒤얽힌다.

　박 중위를 엄단하려는 강림이 저승의 규칙을 파기한다. "차사는 이승의 일에 개입할 수 없다!" 영화는 저승차사 강림의 내면세계를 스치듯 보여줌으로써 객석의 호기심을 자아낸다. 어째서 차사들은 과거를 기억하지 못할까. 저승에서도 이승의 일을 기억하는 자홍을 부러워하는 덕춘. 해원맥이와 강림의 과거도 우리는 아는 바 없다.

넘치는 눈물, 숨죽인 웃음

　지옥의 재판에 등장하는 어리석은 판관들의 어처구니없음으로 객석에 간간이 웃음이 흐른다. 하지만 그것도 잠시, 관객은 이내 숙연해지거나 눈물을 훌쩍거린다. 영화는 곳곳에 눈물과 한숨과 안타까

움을 매설해두고 있다. 웃음은 양념으로 기능한다. 〈신과 함께〉는 사
필귀정과 인과응보의 업보에 따른 저승세계를 보여주기 때문이다.

　『신곡』에서 단테는 베르길리우스와 함께 연옥을 보여주고, 지옥
을 거쳐 마지막에 베아트리체와 함께 천국에 이른다. 하지만 〈신과 함
께〉는 단도직입적으로 지옥행을 택한다. 연옥은 배제돼 있으며, 천국

은 인간세상의 환생쯤으로 그려진다. 따라서 웃음이 스러지고 눈물과 한탄이 여기저기서 관객을 기다리고 있음은 자명한 이치다.

감독은 한 걸음 더 나아가 우리에게 친숙한 신파(新派)의 요소를 도입한다. 1912년 일제강점기 조선에서 신파라는 용어가 처음 등장한 이후 신파는 가정비극에 근거한 멜로물을 지칭했다. 오자키 고요의 『금색야차』를 번안한 조중환의 『장한몽』과 이해조의 『백일홍』이 대표작이다. 신파는 지금도 살아있거니와 막강한 위력마저 발휘한다.

말 못하는 농아엄마와 큰아들 자홍, 작은아들 수홍 일가가 겪어야 했던 지독한 가난과 출구 없음이 단적인 예다. 의식을 잃은 엄마와 영양실조에 걸린 동생을 망연자실 보고만 있어야 했던 자홍의 극단적인 선택과 사건진행은 전형적인 가정비극이자 신파다. 이런 장면이 객석의 흐느낌으로, 매표구의 장사진(長蛇陣)으로 연결된 것은 아닐까.

잠과 죽음 그리고 꿈

"죽는 것은 잠자는 것, 오직 그뿐. 만일 잠자는 것으로 육체가 상속받은 마음의 고통과 육체의 피치 못할 괴로움을 끝낼 수만 있다면. 그것이야말로 진심으로 바라는 바 극치로다. 죽음은 잠드는 것. 잠들면 꿈을 꾸겠지."(<햄릿>, 3막 1장)

부왕의 복수를 차일피일 미루는 햄릿이 삶과 죽음 사이에서 방황하다 내뱉는 독백이다. 우리는 죽음을 영면(永眠)이라 말한다. 문자 그대로 영원히 잠자는 것을 말한다. 따라서 잠과 죽음은 동전의 앞뒤처럼, 뫼비우스의 띠처럼 연결돼 있다. 잠을 자면 꿈을 꾸게 된다. 꿈에서 우리는 의식 아래 은닉된 자아의 여러 내면과 본질과 마주친다.

〈신과 함께〉에서 우리는 수홍이가 어머니의 꿈에 나타나는 장면을 본다. 최종관문에 이르러 패소가 확실한 자홍을 위해, 아들의 무고(無故)를 주장하려 고행의 길로 나선 어머니를 설득하려 현몽(現夢)하는 것이다. 깊은 잠에 빠진 어머니의 꿈에 대법관 법복을 입고 등장하는 수홍. 그가 어머니를 위로하면서 눈물로 작별인사를 드린다.

　　객석의 눈물과 콧물이 봇물처럼 터져 나온다. 죽음처럼 깊은 잠 꿈
속에서 그토록 보고 싶은 아들을 만나는 어머니 눈에 하염없이 눈물
이 흐른다. 벙어리인 그녀가 비로소 말문을 연다. 가족의 모든 불행의
원죄가 자신에게 있음을 말하는 흰머리의 어머니. 천륜지옥 염라대왕
앞에서 어머니와 동생의 눈물겨운 해후에 눈물로 동참하는 자홍.

꿈과 영화 그리고 결론

현대의 영화관객은 이미지로 세상을 보고 판단한다. 이미지는 실물의 그림자거나 감각의 허상에 불과하다. 플라톤에 따르면, 진실은 가시적인 세계 저 너머 어딘가에 있으며, 우리는 그것을 찾아야 한다. 투사된 이미지가 아니라, 영원한 이데아를 응시해야 하는 것이다. 하지만 〈신과 함께〉 하는 관객은 차고 넘치는 이미지로 결박당한 상태다.

이때 관객을 일깨우는 염라의 한숨 섞인 대사가 튀어나온다.

"왜 사람들은 살아서 하지 못한 일을 죽어서 하려고 할까?!"

감독이 영화에서 제시하고자 하는 본질적인 문제제기가 아닐까, 이것은. 인간 모두가 살아생전에 진실하고 선량하며 자애롭고 평화로이 살면 그만인 것을?! 〈신과 함께〉는 대단히 윤리적이며 교훈적인 바른생활 영화다. 그럼에도 이토록 많은 관객이 몰린다는 것은 한국 사회의 도덕적 순결도가 아직은 살아 있다는 반증 아닐까, 희망한다.

⟨1987⟩, ⟨강철비⟩
그리고 ⟨신과 함께⟩에서 만날 것은?! ①

　2017년 연말 영화관에 내걸린 세 편의 한국영화가 연말연시를 뜨겁게 달궜다. 12월 14일 개봉하여 445만 관객을 불러들인 ⟨강철비⟩, 12월 20일 관객과 만나 1,440만을 동원한 ⟨신과 함께⟩, 12월 27일 막을 올려 722만 관객을 울린 ⟨1987⟩이 그것이다. 이 글에서는 이들 세 편의 영화를 찬찬히 돌아보면서 우리가 음미(吟味)해볼 만한 문제를 제기해보고자 한다.

　30년 전인 1987년 6월 항쟁을 돌이키면서 2017년 지금과 여기를 사유하도록 인도하는 영화 ⟨1987⟩을 첫머리에 두고, 북한과 북핵(北核)을 진지하게 검토해보라고 제안하는 ⟨강철비⟩를 두 번째 논의의 마당에, 그리고 한국인이 사유하는 사후세계(死後世界)를 희비극으로 다루는 ⟨신과 함께⟩를 마지막 자리에 두고서 논의를 진행하고자 한다.

가까운 과거를 다루는 〈1987〉, 현재 진행형을 추구하는 〈강철비〉,
그리고 언제든 닥쳐올 미래를 그려낸 〈신과 함께〉를 시간적 순차성으
로 접근하는 글이다. 각각의 영화가 다루는 주제 역시 인권과 민주주
의, 남북분단과 국제관계, 이승의 삶과 저승의 판결이라는 구도가 선
명하다. 서로 다른 시공간과 인간관계 그리고 사건에서 관객은 삶의
본원적인 모티프와 인과율 내지 존재의의까지 다각도로 성찰할 수
있으리라 믿는다.

〈1987〉, 그 뜨겁던 6월의 함성과 피맺힌 절규들

영화 〈1987〉은 한국의 민주주의 제단(祭壇)에 바쳐진 두 명의 대
학생을 호출한다. 부산의 박종철과 광주의 이한열이다. 두 사람을 축
으로 영화는 전반부와 후반부로 나뉘어 진행된다. 1987년 1월 14일
치안본부 대공수사관들은 서울대 언어학과 3학년 박종철을 하숙집
에서 영장 없이 불법으로 강제 연행한다. 그들은 '민주화추진위원회'
사건으로 수배중인 박종운의 거처를 알아낼 목적으로 박종철을 가
혹하게 고문한다.

고문경관들은 구타는 물론이려니와 물고문과 전기고문까지 동원
하여 청년 박종철의 몸을 갈기갈기 찢어버리는 만행(蠻行)을 서슴지
않는다. 고문경관들의 뒤에는 대공전문가 박처원 치안감이 있는 것으
로 〈1987〉은 그려낸다. 대공전담부서의 수장(首長)이자 그들의 든든

한 배경이자, 빨갱이 섬멸작전의 선봉장 박처원. 그에게 사회주의나 공산주의를 운운하는 자는 한 치도 용서할 수 없는 존재로 이 땅에서 영원히 사라져야 할 박멸대상에 지나지 않는다.

박처원을 독려하고 학살자(虐殺者) 각하의 각별한 관심을 전달하는 자는 각하의 복심(腹心) 장세동 안기부장이다. 그들이 이른바 '밀실안가(密室安家)' 혹은 '요정(料亭)'에서 대면하는 장면은 박정희 군부독재 시절부터 연면부절하게 이어져온 전통(?)이기도 하다. 우리는 1979년 10월 26일 궁정동 안가에서 발생한 박정희 살해사건을 생생하게 기억한다. 그토록 믿어왔던 김재규 중앙정보부장의 총탄에 하릴없이 스러져간 18년 독재자의 허망한 최후라니?!

〈1987〉을 보다가 흥미로웠던 대목 가운데 하나는 장세동을 연기한 배우 문성근과 영화 말미에서 민주화 제단에 바쳐진 열사들의 이름을 하나하나 불러내는 문익환 목사의 관계다. 주지하는 것처럼 문익환 목사는 한국 민주주의 발전에 거대한 족적을 남긴 투사이자 온유한 인품의 목회자다. 그의 아들이자 또 다른 민주주의 활동가가 문성근이다. 영화배우 문성근이 아무렇지도 않게 각하를 들먹이고 박처원을 위무(慰撫)하는 장면은 오래 기억에 남을 듯하다.

박처원은 장세동에게 김대중과 김영삼 그리고 수배중인 김정남을 묶어 대규모 시국사건을 조작해낼 것이라고 언명한다. 학살자의 권력이 다해가는 1987년 초의 정국을 권부(權府)에 유리한 방향으로 이끌고 나가려는 포석(布石)이다. 만약 그들 모두를 하나의 올가미에 얽어

맬 수 있다면 향후 정치일정은 어린애 팔 비틀기처럼 손쉬울 것이기 때문이다. 야당과 재야를 잇는 거물 정치인 두 사람을 일망타진할 수 있는 절호의 기회를 조작하려는 야욕의 박처원.

왜 그토록 박처원은 대공수사와 간첩 만들기에 골몰했을까. 왜 그는 그렇게 처절할 정도로 재야인사나 운동권을 저주하고 압살(壓殺)했을까. 왜 그는 고문기술자로 악명 높은 이근안 같은 자를 대공수사 팀에 합류시켰을까. 그에게는 최소한도의 인간적인 정리(情理)도 드러나지 않는데, 왜 그런 냉혈한(冷血漢)이자 악마의 화신이 된 것일까. 왜 그는 각종 불법 탈법 무법 초법 위법적인 행태를 감행해서라도 야권 인사들을 박멸하고자 했을까?!

"세상에서 제일 끔찍한 지옥이 뭔지 아네? 가족이 다 죽어 나가는데 아무것도 못하는 기야. 마룻바닥 아래서 식구들이 모두 죽는 걸 두 눈 뜨고 지켜보는 거, 그게 바로 지옥이야."

1929년 평안남도 진남포에서 출생한 박처원의 말이다. 그의 말대로 박처원은 지주집안의 아들로 어린 시절 온가족의 몰살을 목도(目睹)하고 월남하여 1947년 18세의 나이로 경찰에 투신한다. 그 이후 그는 대공수사 부서에서 근무했으며, 대간첩수사의 상징적인 인물이 된다. 박처원을 발탁한 인물은 친일악질 경찰 노덕술이었고, 노덕술은 이승만의 심복 장택상이 끌어다 쓴 인물이다. 박처원은 노덕술에게 배운 악랄한 수사기법을 고스란히 써먹었다고 전한다.

2008년 80세의 나이로 사망한 박처원은 박종철 고문치사 사건으로 1996년 징역 1년 6개월에 집행유예 3년을 선고받았다. 하지만 그는 자신이 자행한 고문에 대해 한 마디 사과도 하지 않았으며, 당뇨 증상을 이유로 집행유예를 받았다고 한다. 박처원은 문자 그대로 대공수사의 최전선에서 이른바 '자유민주주의'를 수호하기 위해 혼신의 힘을 다해 싸운 악귀 자체였다고 말할 수 있다. 그의 머릿속에는 '온가족참살' 트라우마가 잠시도 지워지지 않은 듯하다.

세상에 영원한 비밀은 없다! 이것은 만고(萬古)의 진리다. 언젠가는 사건의 실체와 진실이 드러나게 된다. 요즘 한창 인구(人口)에 회자(膾炙)되는 '다스는 누구 것?' 유희도 같은 범주에 속한다. 시대와 역사를 속이고, 5천만 시민을 능멸하면서 사익(私益)을 취해온 구린내 나는 싸구려 모리배(謀利輩)이자 장사치의 진면목이 청천백일하에 그 추악한 전모를 드러내기 직전 아닌가?! 더욱이 진실을 밝혀내려는 정의로운 자들은 고금동서 어디에도 존재한다.

〈1987〉에 등장하는 최 검사(최환), 교도관 한병용(한재동), 민주인사 김정남과 이부영, 동아일보 윤상삼 기자, 박종철의 죽음을 최초로 확인한 오연상 외과의사, 부검을 집도한 황적준 박사, 천주교 정의구현사제단의 김승훈 신부 등이 그런 인물이다. 이렇게 정의로운 사람들의 눈과 손과 입을 거쳐 박종철 고문치사사건의 전모(全貌)가 세상에 알려진다. 대중은 분노하기 시작하고, 학살군부가 시도한 '4.13호헌조치'에 빨간불이 들어온다.

"잘 가그라, 종철아… 이 아부지는 아무 할 말이 없데이…"

1987년 한국사회를 이렇게 간결하게 요약해서 전달하는 말은 없을 것이다. 국가의 이름으로, 대공(對共)으로 포장된 국가폭력으로, 잔인무도한 악랄한 고문으로 생때같은 자식을 잃어야 했던 종철 아버지 심경(心境)은 학살군부의 무쇠발톱 아래 살아야 했던 이 땅의 모든 민초들의 절규이기도 했다. 장엄한 1987년 6월 항쟁의 불꽃은 이렇게 산화(散華)해 간 젊은 영혼과 육신의 희생을 바탕으로 뜨겁게 점화되었다. 그리고 그 뒤를 잇는 광주의 이한열.

〈1987〉은 수많은 등장인물들이 화면을 채웠다가 사라진다. 그러다가 마지막엔 거리를 가득 메운 허다한 민초들의 행진과 구호로 끝난다. 장준환 감독은 박종철이나 이한열의 영웅적인 투쟁이나 특정한 정치적인 서사(敍事)가 아니라, 당대를 살았던 이 나라 민초들의 웅혼한 함성으로 영화의 주제를 전달하고 싶었던 모양이다. 민주주의는 동시대의 시공간을 살아가는 다수 민초들의 깨어있는 시민의식과 민주주의를 향한 열망으로 완수되기 때문이리라.

그러하되 영화 〈1987〉이 700만 넘는 관객을 동원한 것은 달달한 사랑의 서사가 약방의 감초처럼 끼어들었기 때문 아닐까, 생각한다. 연세대 신입생 연희가 가슴에 담아두는 운동권 선배 한열을 향한 사랑의 마음. 한국 현대사의 물줄기를 바꿔버린 서사시의 한복판에 작은 물줄기를 이루어 객석을 어루만지는 남녀의 사랑 이야기. 하지만 영화는 연희를 사랑의 전령(傳令)으로도 열렬한 투사로도 만들지 않는다. 그저 담담한 기록자이자 조력자로 연희를 남겨둔다.

연희를 움직인 것은 한열이 소속돼 있던 만화영화 동아리가 상영한 '광주항쟁' 비디오였다. 학살자의 명령에 따라 계엄군이 잔혹하게 민주시민과 학생들을 학살하고 구타하는 장면에 연희는 견디지 못하고 뛰쳐나간다. 당대의 얼마나 많은 청춘이 그 장면을 보고 운동권에 몸을 던졌는지, 새삼 재언(再言)이 필요치 않다. 나와 친구 혹은 애인과 가족의 범주에 머물러 있던 허다한 장삼이사들을 거리의 투사이자 민주주의의 전위(前衛)로 내몰았던 광주항쟁!

시위에 참가하지도 않은 연희가 사복경찰에게 잡히기 직전의 절체절명 순간에 한열이 연희의 손목을 잡는다. 단시(短詩) 「절망」에서 김수영 시인이 투덜댄 것처럼 "구원(救援)은 예기치 않은 순간에 오는 것"인지도 모른다. 그렇게 두 사람은 인연을 맺는다. 하지만 연희는 아버지의 뜻하지 않은 죽음과 믿었던 사람들의 배신이라는 이중적인 트라우마에 시달리고 있다. 그토록 믿었던 사람들 때문에 아버지가 세상을 버렸다고 생각하는 연희. 그녀는 말한다.

"그런다고 세상이 변해?! 삼촌이 바라는 그런 세상은 절대 오지 않아."

김정남과 이부영의 비밀교신에 관여하는 교도관 한병용의 조카딸 연희는 그렇게 생각한다. 아무리 열심히 피나게 뛰어도 세상은 요지부동이란 게다. 엄청난 숫자의 달걀로 바위를 내려쳐도 바위에는 생채기 하나 생기지 않는다는 논리다. 〈1987〉은 연희의 이런 확고부동한 사고방식에 어떻게 균열이 생겨나고 강화되는지 보여준다. 정해진 논리에 따라 객석을 이끌고 가지 아니하고, 연희의 어린 사유와 인식의 변화과정을 드러내는 데 주력(注力)하는 것이다.

한열은 1987년 6월 9일, 다음 날로 예정된 '6.10 대회 출정(出征)을 위한 범 연세인 총궐기대회'에 참여하여 연대 정문 앞으로 진출하려는 학생들과 함께 교문진출을 막으려는 전경들과 대치(對峙)한다. 6월 항쟁의 첫 번째 포문이 열리기 직전이다. 그런데 일부 전투경찰이 고각(高角)으로 발사해야 하는 최루탄을 학생들을 향해 수평으로 발사한다. 정문 부근에서 쓰러져 있던 학생을 구하려 다가가던 한열은 전경이 쏜 직격(直擊) 최루탄에 뒷머리를 맞고 쓰러진다.

사경을 헤매던 한열은 뇌손상이 회복되지 않은 채 합병증인 폐렴이 발생하여 7월 5일 21세 꽃다운 나이로 세상을 떠난다. 한열의 장례식은 7월 9일 민주국민장으로 치러졌으며, 서울시청에 100만, 광주에 50만 등 전국적으로 160만 추모인파가 그의 죽음을 기린다. 이한열은 광주광역시의 망월동 국립묘지 5.18묘역에 묻힌다. 그의 장례 열흘 전에 학살군부정권은 이른바 '6.29선언'으로 체육관 선거를 포기하고, 대통령 직선제를 전격적으로 수용하기에 이른다.

〈1987〉에는 그 유명한 명동성당 투쟁도, 교수들의 시국선언도, 스님들의 장삼투쟁도 나오지 않는다. 자연발생적으로 거리에 나타났던 넥타이 부대와 운전기사들의 경음기 투쟁동참도 스치듯 등장할 따름이다. 하지만 그 모든 것이 하나로 모여 결코 변할 것 같지 않던 저 주받을 세상, 교도관 한병용이 그토록 소망하던 사람 사는 세상의 도래(到來)를 제시한다. 1987년 6월 항쟁의 승리는 그렇게 값진 희생을 전제로 얻어진 것이다.

항쟁의 승리도 잠깐 김영삼과 김대중의 정치적 야욕은 군부독재의 연장에 숨통을 터준다. 이른바 양김분열로 인해 이 나라의 민주주의는 다시 뒷걸음질친다. 훗날 김영삼은 노태우에게 무릎 꿇고 김종필과 함께 3당 야합에 도장을 찍는다. 대통령이라는 평생의 꿈을 위해 호남을 고립시키는 야비한 술수(術數)를 부린 것이다. 김대중은 살아생전 양김분열의 책임을 통감한다고 고백한 적이 있다. "나라도 그때 양보해야 했다."는 반성은 너무 늦은 후회였다.

항쟁의 주역으로 참가했던 수많은 청년학도들이 386의 이름으로 정치권에 진출하여 새바람을 일으켰지만, 상당수가 민정당의 후신(後身)인 한나라당과 새한국당, 새누리당(현재의 자유한국당 전신(前身))에 투신함으로써 민주주의 역사를 후진시키는 데 지대한 공헌을 한다. 1987년 당시 세상을 버린 박종철의 죽음을 모르쇠로 일관하고 그를 욕보인 박종운이나, 이한열의 안타까운 죽음을 외면한 386 정치인들은 훗날 가혹한 역사의 법정에 서게 될 것이 분명하다.

〈1987〉, 〈강철비〉
그리고 〈신과 함께〉에서 만날 것은?! ②

〈강철비〉, 아직도 아물지 않은 분단의 상처와 반목의 역사

나는 백두산 천지, 금강산 그리고 개성공단을 모두 다녀왔다. 2004년 경북대 18명 학생들을 인솔하고 연변의 용정과 연길에서 봉사활동을 하고 왔다. 용정중학교와 연북소학교에서 조선족 학생들을 대상으로 영어, 태권도, 음악, 컴퓨터 같은 실용적인 지식을 전했다. 봉사활동 말미에 1박 2일 예정으로 백두산 천지를 보고, 조중(朝中) 국경마을 숭선을 다녀오기로 했다.

연길에서 백두산 가는 길은 제법 멀었다. 미인송(美人松)이 가로수처럼 나 있는 길을 따라 승합버스가 하염없이 달리고 또 달린다. 출발할 때 맑았던 하늘이 어두워지고 굵은 빗줄기가 차창을 때린다. 이윽고 '장백산'이란 현판이 걸린 곳에 도착한다. 중국에서는 백두산을 장백산이라 부른다. 우리를 안내한 이는 연변대학 교수로 충청도 사투리를 썼다. 연변대학 조선족 교수들은 중국어에 능통하며, 방언이 섞인 한국어나 북한어투의 말을 쓴다. 경상도에서 공부한 사람은 경상도 사투리를, 전라도에서 공부한 이는 전라도 방언을 쓴다.

그이에 따르면, 백두산 천지를 볼 수 있으려면 운이 아주 좋거나, 공덕을 많이 쌓아야 한다는 것이다. 그런데 이렇게 비가 하염없이 내리는 날에는 포기하는 편이 낫다고 한다. 지프차로 올라가는 비용도 만만찮기 때문에 학생들도 천지 올라가기를 하나같이 꺼려 하는 분위기다. 나는 단호하게 말했다. "이번에 여러분이 포기하면 백두산 다시 오는 일은 힘들 거다. 가보자!"

학생들이 내뿜는 불만과 불평을 모른척하며 비 뿌리는 운무(雲霧)의 백두산 등정에 나선다. 이리 구불 저리 구부정한 길을 돌고 돌아서 백두산 정상 부근까지 도달한다. 그때 연변대 교수가 소리친다. "교수님, 천지가 열립니다! 뜁시다!" 100미터 남짓 달려 올라가니 천지를 덮고 있던 운무가 좌우로 갈라지고 있었다. 두 번 다시 볼 수 없을 장관(壯觀)이 펼쳐지고 있었다.

우리에게 주어진 시간은 단 30분! 그 안에 사진 찍고 이곳저곳을 돌아보아야 한다. 학생들도 들뜬 표정으로 사진 찍기에 분망하다. 등소평도 세 번인가 들렀다가 끝내 천지의 장엄한 풍광을 보지 못했다는 기록이 남아 있었다. 연변대 교수는 "인솔자가 유덕해야 천지를 볼 수 있다."는 말을 연신 되풀이한다. '이건 정말 천운(天運)이야!' 하고 나는 속으로 되뇌고 있었다.

숭선으로 가는 길에 나타난 멧돼지 가족에 환호하고, 김일성 주석이 송어를 낚았다는 낚시터에 들르기도 하면서 우리는 길을 재촉한다. 그리하여 마침내 두만강 상류가 갈라놓은 북조선과 중국의 국경마을 숭선에 도착한다. 50여 미터나 될까, 두만강의 폭은 많이 좁았다. 중국인 하나가 낚시를 드리우고 있었고, 강 건너편 길에는 달구지가 한가로이 길을 가고 있었다.

부부가 앞자리에 앉아서 달구지를 몰고, 대여섯 살쯤 돼보이는 아이가 달구지 뒤쪽에서 두 발을 까딱거리며 앉아 있다. 잠시 뒤 경적을 울리며 군용트럭이 질주해온다. 너무도 새까만 얼굴의 어린 병사들을 태운 트럭이 자욱하게 먼지를 날리고 사라져간다. 달구지 형체는 보이지 않으나 워낭소리는 들린다. 이윽고 시야에 들어온 달구지가 저만치 멀어져 있다.

분단은 그런 모습으로 처음 내게 다가왔다. 〈강철비〉를 보기 한참 전에 기록영화 〈워낭소리〉를 보다가 나는 두만강에서 보고 들었던 달구지와 워낭소리를 시나브로 떠올렸다. 그 소년은 이제 스무 살도 넘은 청년이 돼 있을 터. 어디서 뭘 하고 살고 있을까, 그런 궁금증이 지금도 스멀스멀 생겨나곤 한다. 〈강철비〉에도 엄철우의 어린 딸이 등장한다. 세월이 흐르면 그 아이도 두만강 소년처럼 어엿한 숙녀로 자라날 것이다.

영화 첫머리에 외교안보수석 곽철우가 대학생들을 대상으로 한반도 분단에 관해 강연하는 장면이 나온다. 그의 문제제기는 간명(簡明)하다. "전쟁을 일으킨 도이칠란트가 동서로 분단된 것처럼 일본이 분단돼야 했는데, 왜 우리가 분단돼야 했던가?!" 사실 한반도 분단과 고착화에는 이런 문제제기가 반드시 필요하다. 그렇지 않으면 해결책 역시 모호하기 때문이다.

〈강철비〉는 천만관객을 동원한 〈변호인〉의 양우석 감독이 연출한 두 번째 장편영화다. 2011년에 양우석은 포털사이트 '다음'에 〈스틸 레인 Steel Rain〉이라는 웹툰을 연재한다. 만화가 '제피가루' 김태건이 그림을 그리고, 양우석이 글을 맡은 웹툰 〈스틸 레인〉은 조회기록 천만을 넘긴다. 2013년 말에 개봉되어 2014년 초까지 상영된 〈변호인〉이 1137만을 동원했기에 개봉일자는 〈변호인〉이 빠르지만, 영화기획은 〈강철비〉가 더 빨랐다고 할 수 있다.

우리 모두 알다시피 〈변호인〉은 열혈 변호사 노무현의 젊은 날을 돌이키면서 그가 어떤 인생행로를 살아왔는지 조명한다. 수구정권과 탐욕스러운 권력자와 수구집단의 집요한 공격과 모욕으로 인해 세상을 버려야했던 노무현의 사람 냄새 물씬 풍기는 영화 〈변호인〉. 그것이 천만관객을 불러왔다는 것은 부패, 무능, 타락, 패거리주의로 점철된 수구권력과 정당 및 최고 권력자들의 부정과 불의, 오만과 독선, 야만과 탐욕을 반증하는 것이라 아니할 수 없다.

양우석은 북한의 김정은과 미국의 트럼프가 주고받는 아슬아슬한 전쟁담화가 한창이던 시점에 〈강철비〉로 세간의 이목을 집중시킨다. 〈강철비〉라는 제목은 1991년 미국과 이라크가 맞붙은 걸프전에서 미국이 써먹은 다연장 로켓포에서 발사하는 로켓포탄에서 따왔다. 집속탄(集束彈)이 폭발하면서 수만 발의 강철탄환이 흩뿌려지는 까닭에 '강철비'라 불린다. '스틸 레인'은 살상반경이 너무 커서 세계 140개국 이상이 사용 금지협약을 맺은 야만적인 대량살상 무기다.

이런 점에서 양우석은 세계최강의 군사대국이자 제국주의 미국의 노골적인 야만성을 제목에 활용했다고 할 수 있다. 양우석의 말을 들어보자.

"남과 북의 현재적인 정황(情況)에 우리가 효율적으로 대비하지 못한다면 언제든지 무서운 상황이 발생할 수 있다는 사실을 중의적(中意的)으로 보여주고 싶었다."

북한에 예기치 못한 정변(政變)이 발생하여 북한 1호가 중상을 입고 군사분계선 남쪽으로 이송된다. 그를 둘러싼 남북한, 중국과 미국 그리고 일본의 대응을 다각도로 접근한 영화가 〈강철비〉다. 영화에서 주목할 만한 몇 가지 지점을 들여다보자.

우선, 〈강철비〉는 양우석의 극대화된, 하지만 현실감 있는 상상력의 소산(所産)이다. 영화는 김일성-김정일-김정은으로 이어지는 3대 세습국가 북한의 권력체계가 언제나 견고할 것인가, 하는 문제의식을 보여준다. 북한인민의 피땀으로 개발된 '핵무기'는 무엇을 위한 것인가, 하는 북한군부 실력자의 문제제기가 여기 추가된다. 그 어려웠던 '고난의 행군' 시절에도 결코 포기하지 않았던 강성대국과 핵개발의 최종목표가 무엇인가, 하는 군부실세의 문제제기.

북한에 쿠데타가 발생하여 군부실세 리태한이 권력을 장악하고 남한에 정전협정폐기와 선전포고를 감행한다. 그로 인해 권력이양을 준비하던 현임 대통령과 후임 대통령의 분열과 대립이 발생한다. 임기 만료를 목전에 둔 대통령은 일전불사(一戰不辭)를 외치고, 차기 대통령은 전쟁불가를 주장한다. 이참에 호전적이고 야만적인 북한을 궤멸시킴으로써 민족사에 빛나는 이름을 새기려는 보수 대통령. 다수국민의 안위를 최우선적으로 걱정하면서 전쟁은 절대 없어야 한다는 역사의식으로 무장된 진보 당선자. 이런 갈등과 암투가 박진감 넘치게 진행된다.

두 번째, 〈강철비〉는 한반도 남단(南端)에 살고 있는 우리는 반도가 아니라 섬에 살고 있음을 완전히 망각하고 있다는 사실을 상기시킨다. 분단 이후 지금까지 우리는 반도의 북쪽과 대륙에 대한 최소한도의 앎과 상상력을 상실한 채 절름발이로 살아왔다. 파주의 산부인과 의사 권숙정은 112에 신고하면서 북한 1호를 '북한 대통령'이라 부른다. 남한의 최고 지식인 계층에 속하는 인텔리가 가지고 있는 대북한 지식정도를 노골적으로 드러내는 장면이다.

서울 왕십리에서 북한 개성공단 입구까지 대형버스로 50분 남짓 걸린다. 그렇다면 파주에서 그곳까지는 얼마나 걸릴까?! 대다수 한국인들은 그 정도 거리에 인구 2,300만을 가진 또 다른 분단국가가 존재하고 있음을 의식하지 않는다. 그것을 가장 적나라하게 드러내 보이는 장면에서 관객은 새삼 전율하는 것이다. "그렇게 가까운 거리에 북한이 있는 거야?!" 그렇다면 우리가 250킬로미터 길이의 철책으로 가로막힌 섬나라에 살고 있다는 사실이 자명해진다.

세 번째, 예기치 못한 사태를 바라보는 미국과 중국의 관점이 흥미롭게 그려져 있다. 미국 국무부는 골칫거리이자 이중적인 행태를 보여 온 북한을 지도상에서 지워버리려는 한국의 보수 대통령을 적극적으로 고무(鼓舞)한다. 미국은 핵무기로 북한을 선제 타격함으로써 초강대국의 위상을 더욱 높이고, 아시아 태평양의 맹주자리를 확고하게 다지고자 한다. 그 와중에도 미국은 자국민을 보호하고, 안전지대인 일본으로 이송하려는 계획을 실행한다.

영화에 나오는 '작계5027'이 새삼스럽다. '작계5027'은 한미연합군이 북한의 선제공격 같은 전시상황을 대비하여 만들었다 한다. 그러나 작전권은 미태평양사령부에게 귀속돼 있다. 한국 군통수권자의 의지와 권한 밖에 존재하는 것이 '작계5027'이다. 언젠가 전시작전통제권이 환수되고 한미연합사령부가 사라지면 '작전계획5027' 역시 폐기되어야 마땅할 것이다.

중국을 대표하는 고위인사 리선생은 조선족이다. 곽철우가 그 점을 지적하자 그는 정색(正色)하며 "나는 어디까지나 중국인이오!"라고 단언한다. 조선족 출신이기는 하지만, 자신은 오직 중국의 이익을 위해서 일하는 사람이라는 것이다. 거의 모든 조선족은 리선생처럼 말하고 행동한다. 그들은 우리와 같은 말을 쓰지만 언제나 중국인임을 잊어서는 아니 될 것이다. 그럼에도 그는 외교안보수석에게 스치듯 말한다. "막을 수만 있다면 이 전쟁, 막으시라요!"

중국의 1차적인 목표는 자국의 방위와 안전이다. 남과 북의 화해와 통일에 그들은 커다란 관심을 가지고 있지 않다. 하지만 북한에 군사정변 같은 특수상황이 발생하여 김정은 권력이 붕괴되면 그들은 대동강과 원산만 이북지역의 통제권을 요구할 가능성도 있다. 백제와 고구려를 멸망시킨 이른바 '나당연합군'의 역할이 완전히 끝난 668년부터 676년까지 신라가 홀로 감내해야 했던 대당전쟁(對唐戰爭)의 결과로 획정(劃定)된 두 나라 국경선을 생각해보시라.

네 번째, 분단장사치들을 언급하지 않을 수 없다. 영화에서 제일 가슴 서늘한 대목을 꼽으라면 아마도 곽철우가 엄철우에게 속내를 털어놓는 장면일 것이다.

"분단국가 국민은 분단 자체보다 정치적 이득(利得)을 위해 분단을 이용하는 인간들 때문에 더 고통 받는 거야."

우리는 귀에 못이 박히도록 북한의 남침위협과 간첩과 선전선동 책략과 핵위협과 전쟁 가능성을 들어왔다. 선거철이면 예외 없이 북한을 이용해 먹으려는 책동이 기승(氣勝)을 부렸다. 영화 〈1987〉의 박처원이나 장세동 같은 자들의 권모술수는 아주 오래된 기만술책이자 야권인사 박멸책이다. 툭하면 떠들어대는 '종북세력' 내지 '빨갱이'라는 말이 얼마나 오랜 세월 이 나라의 건강한 진보인사들을 투옥과 고문과 죽음으로 몰고 갔는지, 우리는 낱낱이 기억한다.

안보장사치들이 더 이상 이 평화의 나라 대한민국의 정치판에서 설득력을 가지지 못하도록 영구 추방해야 한다. 최소한도의 민족의식도 없는 파렴치한 독선과 위선, 탐욕과 권력욕으로 무장한 자들을 영원히 민족사와 통일의 길에서 제명(除名)해야 한다. 툭하면 일전불사를 외치는 장사치들이야말로 우리의 안보와 평화를 좀먹는 독버섯 같은 존재라는 사실을 명확히 인식하고, 그들을 역사에서 축출함으로써 우리 어린것들에게 전쟁의 참화(慘禍)라는 공포에서 벗어나도록 해야 하는 일이 우리의 과업일 것이다.

〈1987〉, 〈강철비〉
그리고 〈신과 함께〉에서 만날 것은?! ③

"너의 죄를 네가 알렸다?!", 〈신과 함께〉

영화를 보다가 문득 지나온 삶의 궤적을 돌이키는 경우가 있다. 〈1987〉도 그렇지만 2011년에 개봉하여 736만 관객을 모은 영화 〈써니〉 역시 1980년대 향수(鄕愁)를 불러일으킨다. 저 시절 나는 뭘 하고 살았던가. 무슨 생각을 하며 하루하루 보냈을까, 하는 궁금증이 이는 것이다. 모든 지나간 것들은 아무리 쓰라리고 괴로웠다 해도 아름답고 그리운 추억으로 남는 법.

하지만 언제나 그런 것은 아닐 터. 1440만 관객을 넘긴 〈신과 함께〉를 보면서 여러 가지 상념(傷念)에 빠져들었다. 죽음 이후에 우리가 맞닥뜨릴 세계는 어떤 곳인지, 하는 궁금증은 누구나 가지고 있다. 영화는 그런 호기심과 궁금증을 '지옥' 순례라는 절차를 통해서 선명하게 보여준다. 천국의 행복이나 충일(充溢)한 만족감이 아니라, 끔찍한 지옥순례를 발판으로!

사실 영화가 개봉되기 전에 온라인 웹툰으로 〈신과 함께〉를 미리 보았다. 협소하다 싶을 정도의 공간에서 펼쳐지는 사후의 다채로운 이야기가 흥미롭게 전개되어 있었다. 주호민 작가가 참조한 참고문헌이 만화 끄트머리에 여러 권 제시되어 있다는 점이 이채로웠다. 마치 한 편의 학술논문을 마무리하면서 참고문헌을 적시(摘示)하는 것처럼 정갈한 자세가 돋보였다.

전통적으로 이야기가 부족한 것도 아닌데 한국의 민담과 설화 혹은 신화와 전설은 매우 단편적이다. 720년에 30권으로 출간된 『일본서기』에는 이자나기와 이자나미로 대표되는 일본의 창세신화가 곡진(曲盡)하게 수록돼 있다. 이자나기가 아내 이자나미를 잃고 저승세계(요미)를 다녀오는 이야기는 오르페우스가 에우리디케를 찾아서 지하세계의 하데스를 만나는 장면과 유사하다. 부부의 사랑이 얼마나 극진하면 죽음마저 불사하려 했을까, 찬탄이 절로 나온다.

불의 신 가구쓰치(軻遇突智)를 낳다가 죽음을 맞이한 이자나미를 이승으로 데려오려는 이자나기는 아내의 얼굴을 보아서는 안 된다. 하지만 이자나기는 궁금증을 이기지 못하고 구더기에 덮여 썩어가는 아내의 모습을 확인하게 된다. 그로써 부부의 연(緣)은 끊기고 이자나기는 홀로 지상으로 귀환한다. 황천을 다녀온 몸이었기에 이자나기는 바닷물로 깨끗하게 목욕한다. 그런 과정에서 이자나기의 왼쪽 눈으로 태양의 여신 아마테라스(天照)가 태어난다. 달의 신 쓰쿠요미(月讀)는 오른쪽 눈에서, 바람의 신 스사노오(素戔鳴尊)는 귀에서 태어난다.

그리스 신화에서 태양신 아폴론은 남신(男神)이며, 달의 신 아르테미스는 여신이다. 전통적으로 동서양 공히 태양은 남성으로, 달은 여성으로 간주돼왔다. 그런데 『일본서기』는 태양신 아마테라스를 여신으로, 달의 신 쓰쿠요미를 남신으로 그려낸다. 중국의 음양오행(陰陽五行) 사상이 『일본서기』 집필 당시에 아직 전해지지 않은 듯하다. 흥미로운 점은 『일본서기』가 여기서 멈추지 않는다는 사실이다.

바람의 신 스사노오는 자신의 수염을 뽑아서 삼나무를, 눈썹털을 뽑아서 녹나무를, 가슴털을 뽑아서 편백나무를, 엉덩이털을 뽑아서 금송(金松)을 만든다. 삼나무와 녹나무로는 배를 만들고, 편백나무로는 궁궐을 짓고, 금송으로는 관재(棺材)로 쓰라고 스사노오는 지시한다. 실제로 임진왜란 당시 일본의 해상전투 주력을 맡은 안택선(安宅船)과 관선(세키부네)은 녹나무나 삼나무로 만들어졌다고 전한다. 1971년 송산리 고분에서 발굴된 무령왕릉의 관재는 금송으로 밝혀진다. 그런데 한반도에서는 관재로 쓰일 정도로 금송은 자라지 못한다. 고대 한반도, 특히 백제와 일본의 특수한 관계가 무령왕릉의 관재로 다시 한 번 입증된 셈이라 하겠다.

1143년에 간행된 우리의 가장 오랜 사서(史書)인 〈삼국사기〉에는 건국신화는 나오지만 창세설화나 신화는 없다. 1281년부터 1283년 어간에 출간된 것으로 보이는 〈삼국유사〉에서 우리는 조선의 건국신화와 만난다. 환인의 서자(庶子)인 환웅이 풍백, 우사, 운사와 3,000의 무리를 거느리고 태백산 신단수(神壇樹) 아래에서 신시를 열었다고 일연은 기록한다. 왜 하필 환웅은 서자였을까, 그리고 우사와 운사는 동일한 원소인 물을 가리키는 게 아닌가, 하는 궁금증이 생겨난다.(고대 그리스에서 사람들은 지수화풍地水火風의 4대원소를 언급했다.)

여기서 궁금한 대목이 신단수는 어떤 나무일까, 하는 점이다. 적잖은 사람들이 박달나무라고 말한다. 1287년에 이승휴가 저술한 것으로 알려진 『제왕운기』에서도 그렇게 나온다고 한다. 그러나 경북대 명예교수 박상진은 다른 논지를 전개한다. 그의 말을 들어보자.

"조상들과 친근한 나무지만 나무의 자람 특징으로 보아서 박달나무는 신단수가 되기에 부족한 점이 많다. 우선 박달나무는 수백 년에서 천 년을 넘길 만큼 오래 살지 못하고, 자라는 모양이 키다리 꼴이다. 그래서 가지를 넓게 펴서 주위를 넉넉하게 감싸고 악귀를 쫓아내는 신단수의 위엄과 넉넉함에는 미치지 못하는 나무다." (『역사가 새겨진 나무이야기』, 158쪽.)

신단수의 실체를 밝히려고 박 교수는 민속학자들이 제기하는 서낭당과 신단(神壇)의 개념을 가지고 당산나무로 등장하는 느티나무에 주목한다. 한국의 전체 당산나무의 3분의 2가 느티나무라고 한다.

그에 따르면, 생명력이 매우 길고, 우아하고 고상한 자태와 커다란 덩치, 고아(高雅)한 품위를 가진 느티나무가 태백산 신단수일 가능성이 가장 높다는 것이다. 이런 식으로 우리나라 사서와 민담 등에는 막연한 기록들이 대세를 이룬다.

필자는 일제 강점기에 육당 최남선이 집필했다는 『조선의 신화와 설화』를 찾아 읽어보고는 몹시 실망했다. 그가 말하는 '조선'의 개념은 내선일체(內鮮一體)에 기초한 것으로, 일본의 오키나와(류구열도)와 한반도는 물론이려니와 중국의 이야기까지 포함하는 것이기 때문이다. 변절한 지식인이자 문필가 최남선의 뼛속 깊은 부일의식이 가슴에 저리게 다가왔다. 이런 한계를 최대한 극복하면서 그려진 만화가 주호민의 〈신과 함께〉라고 생각한다.

장르의 속성에 따른 차이 때문에 영화 〈신과 함께〉와 만화 〈신과 함께〉는 여러 가지 면에서 다르다. 웹툰에서 절대적인 인기를 얻어낸 탓에 영화를 보지 않은 사람도 상당수에 이른다고 한다. 만화에서 도달한 재미와 감동에 미치지 못할 것을 저어하는 때문이라 전한다. 이것은 명작소설을 원작으로 삼은 대다수 영화가 태작(駄作)에 머무르는 것과 같은 이치다.

그것은 소설의 촘촘한 서술과 내면묘사 그리고 작가의 직접적인 개입 같은 요소가 불가능한 영화장르의 한계에 기인한다. 영화가 소설처럼 세세하게 설명하거나 강력하게 주장하기 시작하면 장르의 가능성이 사상(捨象)되어 붕괴되어 버리기 때문이다. 예외가 있다면 톨킨 원작을 영화로 만든 피터 잭슨의 영화 〈반지의 제왕〉 정도가 아닐까 한다. 〈신과 함께〉 만화와 영화를 모두 보았지만 필자 생각으로는 양자 모두 나름대로 성공한 것으로 평가하고 싶다.

영화 초입에서 저승차사로 등장하는 덕춘이가 망자(亡者)인 김자홍 소방관을 저승입구인 초군문으로 데려가면서 내뱉는 말이 흥미롭다.

"김자홍 씨께서는 오늘 예정대로 무사히 사망하셨습니다. 1593년 논개(論介) 이후 424년 만에 저승 일곱 재판을 무사통과 할 확률이 가장 높다는 정의로운 망자 귀인이십니다."

자신의 죽음을 실감하지 못하는 자홍에게 '제대로' 죽었음을 알려주는 저승차사 덕춘. 그녀의 입에서 튀어나오는 "무사히 사망하셨다."는 말은 얼마나 생경(生硬)하고 영화다운가?! 무탈하고 큰 문제없다는 의미의 어휘 '무사히'와 '사망'이란 단어의 결합이 선사하는 생뚱맞음이라니! 객석에서 터져 나오는 웃음에는 까닭이 있는 셈이다. 여기에 논개가 덧대진다.

"거룩한 분노는 종교보다도 깊고 / 불붙는 정열은 사랑보다도 강하다 / 아, 강낭콩꽃보다도 더 푸른 그 물결 위에 / 양귀비꽃보다도 더 붉은 그 마음 흘러라" 하고 시작하는 수주(樹州) 변영로 시인의 「논개」를 기억하시는가. 1593년 무너져 내리는 진주성에서 왜장(倭將)을 끌어안고 남강 푸른 물속으로 몸을 던진 의로운 관기(官妓) 논개를 추모한 시다. 김용화 감독은 무슨 까닭에 논개를 영화에 끌어들였을까, 하는 궁금증이 지금까지도 새록새록 생겨난다.

덕춘이의 말에서 우리는 자홍이 통과해야 하는 일곱 개의 재판이 영화의 기둥 줄거리를 이룰 것이라는 정보를 얻는다. 타인을 위해 자신을 희생한 거룩한 인간 자홍도 저승의 일곱 재판을 그냥 지나갈 수는 없다는 점이 재미있다. 대한민국 대표재벌 삼성의 무법, 초법, 탈법, 위법, 범법과는 너무도 다른 저승의 추상같은 법도(法度). 귀인이 아니라 거의 성인 수준에 오른 자홍이 과연 어떤 재판과 판결을 받아들 것인지, 그것이 궁금해지는 영화 〈신과 함께〉.

자홍은 살인지옥, 나태지옥, 거짓지옥, 불의지옥, 배신지옥, 폭력지옥, 천륜지옥을 차례로 지나가야 한다. 각각의 지옥에는 지옥의 특성을 담은 7개의 물질이 등장한다. 불, 물, 철, 얼음, 거울, 중력, 모래다. 살인을 범한 자는 불로 심판을 받고, 나태한 자는 물로써 단죄된다. 이런 식으로 7개의 지옥에는 7개의 물성(物性)으로 죄지은 자를 벌한다. 영화의 부제(副題)가 '죄와 벌'이라는 점은 그래서 설득력이 있다. 7개 관문에서 가장 극단적인 죄악인 살인을 제외하면 누구나 한두 개 정도는 해당사항이 있어 보인다.(필자도 예외가 아님을 고백한다.)

자홍을 인도하는 차사는 모두 셋이다. 덕춘과 해원맥, 그리고 차사들의 지도자이며 자홍의 변호인 역할을 맡은 강림(降臨)이 그들이다. 이승을 떠난 자홍은 저승세계를 두루 여행하지만, 차사들은 이승과 저승을 자유로이 왕래한다. 자홍은 지난날을 돌아보는 과정에서 그가 살아생전에 밟은 행적과 언행을 확인하는 것에 그친다. 저승에 설치된 거대한 진실의 거울 '업경(業鏡)'에는 망자들의 과거행적이 고스란히 비춰진다. 한 올의 거짓이나 기망(欺罔)도 지옥에서는 소용되지 아니한다. 영화를 보면서 적잖게 불편하고 오금이 오그라들었던 까닭은 그래서다.

자홍만큼 착하게 그려진 인물이 자홍의 아우 수홍이다. 제대를 코앞에 둔 말년병장 수홍은 관심사병인 원 일병을 지극정성으로 보살핀다. 불의의 총기사고로 인해 이승을 떠나야 했던 수홍의 이야기가 이미 저승에 간 자홍의 이야기와 겹치면서 영화는 저승과 이승, 차사와 망자들의 이야기가 긴밀하게 얽히면서 흥미와 눈물을 동시에 자아낸다. 영화 평론가들은 이구동성으로 〈신과 함께〉의 성공비결을 21세기 한국판 '신파(新派)'라고 지목한다.

오늘날 우리는 반복적이고 작위적(作爲的)인 눈물을 강요하고, 시대에 뒤진 클리셰(cliché)를 비아냥거리는 용어로 신파를 사용한다. 그러나 신파는 애초에 상당히 선진적인 요소를 소유하고 있었고, 그렇지 못한 것들을 구파(舊派)로 내몰았다. 1912년 식민지조선에 신파가 처음 등장한 이후 신파는 가정비극에 근거한 멜로드라마를 총칭했다. 오자키 고요(尾崎紅葉)의 『금색야차(金色夜叉)』(1902)를 번안한 조중환의 『장한몽』(1913)이 조선신파의 대표작이다.

100년 전 식민지 조선시대와 마찬가지로 신파는 아직도 대한민국에 멀쩡하게 살아있거니와 막강한 위력마저 발휘한다. 세계최강의 드라마 왕국답게 일일연속극, 월화 드라마, 수목 드라마, 금요 스페셜, 주말 연속극, 방송국 개국기념 드라마, 특집극 등으로 이어지는 드라마의 홍수에서 한국인들은 오늘도 숨을 헐떡이고 있지 않은가?! 그 대부분의 드라마에 등장하는 신파의 요소가 숱한 시청자들을 여전히 쥐락펴락하고 있다.

〈신과 함께〉에서 객석을 눈물의 도가니로 몰아가는 장면이 나온다. 말 못하는 엄마와 큰아들 자홍, 둘째아들 수홍이 겪어야했던 벌거벗은 가난과 꽉 막힌 탈출구가 단적인 본보기다. 기색혼절한 엄마와 영양실조에 걸린 어린 동생을 속수무책 보고만 있어야 했던 소년가장 자홍의 선택과 그 결과는 전형적인 가정비극이자 신파라 아니할 수 없다. 이런 장면이 객석의 소리 없는 흐느낌과 넘쳐나는 눈물로, 매표구에 줄지어선 관객들의 장사진(長蛇陣)으로 연결된 것은 너무나 당연한 노릇 아닐까. '한(恨)'의 정서로 무장(武裝)했다는 한민족 아닌가?!

영화는 우리에게 바르고 정의롭게, 반듯하고 따뜻하게 살아갈 것을 권유한다. 21세기 4차 산업혁명 시기에 전근대의 권선징악(勸善懲惡)을 금과옥조(金科玉條)로 내세우는 영화 〈신과 함께〉. 그런데 왜 이토록 많은 관객들이 몰려든 것일까. 그것을 필자는 '죄의식'에서 찾고자 한다. 지옥의 일곱 가지 재판에서 드러나는 424년 만의 엄청난 귀인 자홍의 크고 작은 오류와 죄악은 우리를 예상치 못한 전율(戰慄)로 인도한다.

자홍 정도의 인간이 범한 사소한 죄로도 지옥의 형벌을 면할 수 없다면, 나는 어떻게 될 것인가, 하는 문제제기. 죄를 지었으면 그에 합당한 벌을 받아야 한다는 인과응보(因果應報)의 세계관. 영화장르가 압도적인 우세를 보이는 시각적-청각적 효과와 빛나는 속도감. 해원상생(解冤相生)으로 끝나는 따뜻한 결말이 〈신과 함께〉를 천만신화의 반열로 끌고 가지 않았을까.

글을 마치면서

2017년 연말과 2018년 연초는 이들 세 편의 영화 덕분에 유쾌하고 따뜻하게 지나갔다. 불과 한 세대 전에 있었던 1987년 6월 항쟁의 가슴 먹먹한 추억의 환기(喚起)로 필자는 청춘시대로 귀환한 것 같은 환각을 맛볼 수 있었다. 문자 그대로 최루탄 냄새가 코끝을 스치는 듯 매캐한 기운이 엄습하는 짜릿한 순간의 기억이 온몸을 휘감았다. 그리고 떠올리는 박종철과 이한열, 두 열사(烈士)의 짧은 생애와 한국 민주주의를 위한 고귀한 희생. 그리고 마냥 부끄럽고 무기력했던 지난날의 반추(反芻)로 쥐구멍에라도 들어가고 싶은 나약함으로 전율했다.

우리가 천형(天刑)처럼 수용하고 해결해야만 하는 남북의 분단문제를 전혀 새로운 각도로 조명하는 〈강철비〉에서 우리는 어떻게 북한과 핵문제를 들여다보아야 하는지 깊이 있게 사유한다. 남과 북의 분단과 재통일 혹은 전쟁과 평화는 남과 북의 문제만이 아니라, 동북아와 세계 전체의 운명과도 긴밀하게 연계되어 있음을 새삼스레 인식한다. 어떤 경우라도 전쟁이라는 극단적인 상황은 피해야 하며, 동족의 화해와 상생의 관점으로 분단극복의 길을 모색해야 마땅하다는 자명한 인식에 우리 모두가 도달하기를 간절히 희망한다.

이승에서 지은 죗값을 저승에서 고스란히 돌려받는 것이 합당하다는 가르침을 전달하는 영화 〈신과 함께〉. 그러기에 우리는 현세의 삶에서 개인적인 만족과 행복, 기쁨과 쾌락만이 아니라, 이웃과 공유하고 향수할 수 있는 공동체의식 역시 소중함을 깨달아야 한다는 결론에 이른다. 나와 가족 혹은 친지와 친척의 범주를 초월하여 살아있는 모든 존재를 향한 연민과 동정의 시선과 실천적인 행위만이 우리를 영원히 구원하리라는 확신으로 인도하는 바른생활 영화가 천만을 돌파했다는 고무적인 사실이 아직도 필자를 흐뭇하게 하고 있다.

청년 마르크스

Le jeune Karl Marx

감독 라울 펙
출연 오거스트 딜, 스테판 코나스케,
　　　빅키 크리엡스, 올리비에 구르메
장르 드라마
개봉 2018년

〈청년 마르크스〉,
혁명은 아직 끝나지 않았다!

　21세기를 살아가면서 19세기 유럽을 이해하는 것은 상당히 유의미하다. 우리가 영위하는 일상은 19세기의 유산이기 때문이다. 예컨대 계몽주의와 과학기술에 바탕을 둔 물질문명은 영국이 주도한 산업혁명의 결과다. 프랑스 대혁명에서 촉발된 인권과 민주주의의 신장은 19세기 내내 지속된다. 1810년 프로이센의 훔볼트 대학을 계기로 근대대학이 형성된다.

　유럽을 대표하는 세 나라가 경제와 정치, 대학의 밑그림을 그리고, 2차 대전 이후 우후죽순처럼 쏟아져 나온 신생국들이 뒤를 따른다. 그런 연유로 21세기 세계는 어디가나 비슷한 풍경이 겹친다. 그것이 국민국가든, 대학이든, 정치체제든 기본적인 형태는 대동소이하다. 따라서 세계화의 본원적인 흐름은 19세기 영국과 프랑스, 도이칠란트에서 시작된 셈이다.

19세기 유럽을 이해하는 열쇠로 내가 생각하는 서책은 『종의 기원』(1859), 『레미제라블』(1862), 『자본론』(1867) 세 권이다. 공교롭게도 저자들은 영국의 다윈, 프랑스의 위고, 도이칠란트의 마르크스(1818-1883)다. 그것들은 자연과학과 사회-정치소설, 그리고 사회과학의 백미로 현대까지도 영향력을 상실하고 있지 않은 명실상부한 고전이다.

마르크스 탄생 200주년에 개봉한 영화 〈청년 마르크스〉가 상영되고 있다. 인터넷에 영화관이 따로 소개될 정도로 수입사와 관객들이 모두 외면하는 영화 〈청년 마르크스〉. 아이티 출신으로 훔볼트 대학을 졸업한 라울 펙 감독은 〈아이 엠 낫 유어 니그로〉(2016)로 유명세를 탔다. 미국의 킹, 에버스, 엑스 같은 흑인 인권운동가를 다룬 기록영화다.

영화의 시공간

프랑스, 도이칠란트, 벨기에 합작영화 〈청년 마르크스〉는 1843년부터 1848년까지 유럽 곳곳을 배경으로 한다. 마르크스는 1842년 10월 쾰른에서 발행되던 《라인 신문》의 주필이 된다. 신문사에 입사한 지 9개월 만의 일이다. 마르크스는 당대 프로이센의 경제와 사회문제 전반에 관한 다채로운 논설을 쓴다. 빈민주택, 산림벌채, 공산주의 등이 본보기다.

그는 정열적인 집필로 《라인 신문》의 외연을 확장하는 데 성공하

지만, 프로이센 당국은 솔직하고 자유분방한 논조를 빌미로 1843년
4월 신문을 폐간시킨다. 마르크스는 즉시 파리로 이주하여 새로운
삶의 전기를 마련한다. 경찰의 급습으로 호송마차에 오른 마르크스
에게 아르놀트 루게가 『도이칠란트-프랑스 연보』를 발간해보자고 제
안했던 것이다.

마르크스를 말할 때 우리는 반사적으로 프리드리히 엥겔스(1820-
1895)를 떠올린다. 바늘과 실처럼 평생 교감하고 행동한 두 사람. 엥
겔스는 맨체스터의 직물공장을 소유한 아버지 덕에 영국 노동자들의

지독한 노동조건을 몸소 경험한다. 그것을 바탕으로 그는『맨체스터와 리즈의 노동계급 실태』를 집필한다. 루게의 집에서 처음 만난 두 사람은 급속도로 가까워진다. 그것은 그들이 가지고 있던 천재성에 대한 상호인정과 교감에서 비롯한다.

전형적인 부르주아 출신이지만 프롤레타리아의 해방을 꿈꾸는 엥겔스는 현실과 이상의 괴리(乖離)를 뼈저리게 느끼는 청년으로 등장한다. 〈청년 마르크스〉는 이들 두 사람이 어떻게 만나고 어떤 과정을 거쳐 동지가 되는지 속도감 있게 펼쳐낸다. 온종일 퍼마시고 체스를 두고 논쟁을 벌이고 경찰의 추적을 따돌리는 장면은 유쾌하기 그지없다.

마르크스와 엥겔스가 홀로 혹은 함께 경험하는 유럽은 쾰른과 맨체스터를 기점으로 파리와 브뤼셀, 리옹과 베를린, 런던 등지로 이어진다. 그들의 행선지에서 우리는 피에르 프루동(1809-1865), 빌헬름 바이틀링(1808-1871), 미하일 바쿠닌(1814-1876) 같은 공산주의와 무정부주의 대표자들과 만난다. 이로써 영화는 당대좌파 인물도를 그려나간다.

사랑과 결혼

1843년 6월 마르크스는 예니 폰 베스트팔렌과 결혼한다. 예니는 트리어의 대표적인 귀족가문의 딸이자 지성과 미모를 겸비한 여인이다. 지적인 예니는 마르크스처럼 영어와 프랑스어까지 자유자재로 구사한다. 영화가 흥미로운 이유 가운데 하나는 주인공들이 세 나라 언어에 능통하기 때문이다. 마치 "유럽은 한 지붕 아래!"라는 구호를 입증하듯!

남편과 격렬한 애정행각을 즐기는 예니는 사회변혁과 전복을 꿈꾸는 이상주의자이자 혁명적 기질을 가진 여성이기도 하다. 그녀는 엥겔스에게 속내를 털어놓는다.

"난 끔찍한 권태에서 도망쳤어요. 행복을 위해서는 저항이 필요해요. 기존질서와 구세계에 대한 저항 말이에요. 구세계가 무너지는 걸 보고 싶어요."

엥겔스의 아내 메리 번스는 엥겔스의 아버지가 운영하는 공장 여공이었다. 가혹한 노동조건에 저항하여 목소리를 높였다는 이유로 해고당하는 메리. 그녀의 당당함과 자신감에 매혹되어 사랑에 빠지는 엥겔스. 사장의 아들과 여공의 결합이라는 낭만적인 러브스토리가 전개된다. 하지만 메리는 프롤레타리아 해방운동의 강고한 투사로 그려진다.

다른 한편으로 메리는 예니와 판이한 인생살이를 살아간다. 남편들과 함께 온 해변에서 그들은 아이들과 여성의 삶에 대해 이야기를 나눈다. 아이를 낳지 않을 거냐는 예니의 물음에 메리는 아무렇지도 않게 대답한다.

"여동생 리지는 열일곱 살인데 걔가 프리드리히의 아이를 낳을 거

예요. 반드시 그러고 싶어 하니까요. 나는 아이가 아니라 자유로운 삶
을 꿈꿔요."

청년 마르크스와 엥겔스가 꿈꾼 세상

　25세의 마르크스와 23세의 엥겔스가 처음 만난 1843년. 베를린
유학시절 심취했던 헤겔철학과 거리를 두면서 나름의 철학적-사상적
기반을 찾고 있던 마르크스. 임금노예노동에 시달리는 노동자들의
가혹한 일상과 자신의 신분 사이에서 괴리를 느끼며 출구를 모색하

던 엥겔스. 그들의 공통분모는 부조리하고 불평등한 사회의 근본적
인 변혁이었다.

"철학자들은 세계를 그저 여러 가지로 해석했지만, 문제
는 그것을 변혁하는 것이다.

(Die Philosophen haben die Welt nur verschieden interpretiert,
es kommt aber darauf an, sie zu veraendern.)"

훔볼트 대학에 새겨진 글귀이자 「포이어바흐에 관한 테제」(1845)의 문구다. 여기서 방점은 해석이 아니라, 변혁에 찍힌다. 변혁의 핵심은 임노동으로 생계를 유지해야 하는 프롤레타리아의 해방에 있다. 그들이 자본가와 화해할 수 없는 대립관계를 형성하고, 그로 인한 불평등과 불이익이 존재하는 한 해방투쟁은 지속돼야 하는 것이다.

"우리 모두는 한 형제"라는 바이틀링의 발언에 마르크스는 동의하지 않는다. 노동자들이 그런 선한 의지에 공감한다고 해도 근본적인 세계변혁 없는 노동해방은 불가능하다는 인식 때문이다. 따라서 1848년 출간된 『공산당선언』에 나오는 "만국의 노동자여 단결하라!"는 구절이 마르크스와 엥겔스가 공유하는 인식의 고갱이다.

1847년 12월부터 이듬해 1월에 집필된 『공산당선언』 서문은 "유령이 유럽을 배회하고 있다-공산주의라는 유령이"로 시작한다. 섬뜩하고 불길한 느낌을 주는 이 문장보다 친숙하게 다가오는 것은 제1장 첫 문장이다. "지금까지의 모든 사회의 역사는 계급투쟁의 역사다." 그래서일까, 영화는 프랑스의 1848년 2월 혁명을 알리면서 막을 내린다.

21세기 청년들과 영화의 함의

19세기 자본주의가 제국주의 단계를 거치면서 20세기에 두 번의 세계대전을 야기한다. 전후세계는 서구와 미국, 일본의 중심부 국가들과 그들을 에워싼 반주변부 국가들, 그리고 아시아와 아프리카, 남

아메리카에 포진한 주변부 국가들로 나뉘어 오늘에 이른다.

현존 사회주의 국가들이 소멸하고 신자본주의가 창궐하면서 세계는 20:80에서 1:99의 사회로 재편되고 있다. 4차 산업혁명이 거론되는 2018년 시점에서 청년 마르크스와 엥겔스가 꿈꾼 불평등의 해소와 노동해방을 염원하는 것은 요원한 일인가, 자문해본다.

20-30대 청년으로 장성한 후에도 부모의 보호를 벗어나지 못하는 세대를 '캥거루족'이라 부른다. 이것은 과도할 뿐 아니라, 유통과 소멸 주기가 신속해진 지식과 정보의 홍수 속에서 자리 잡지 못하는 청년

세대의 실태를 표현한다. 하루 버티기도 버겁다는 21세기 청년들에게 마르크스와 엥겔스의 청춘을 다룬 영화는 무겁고 현란할 듯하다.

그들이 대면한 19세기처럼 21세기도 여전히 불의하고 부당하며 불평등한 관계들의 갈등이 이어지고 있다. 화려한 광고와 드라마와 영화로 분식되는 계급갈등과 투쟁양상은 그대로다. 우리가 꿈꾸는 세상은 동일한 출발선에서 동일한 조건으로 시작하는 것이다. 그것이 야말로 영화 〈청년 마르크스〉가 우리에게 전하는 가르침이 아닐까?!

버닝

감독 이창동
출연 유아인, 스티븐연, 전종서
장르 미스터리
개봉 2018년

진실은 무엇이고, 그것은 어디 있는가?!
―〈버닝〉

생각 많은 사람과 대화하는 일은 흥미롭지만 번다하고 피로하다. 단순한 사람과 나누는 이야기는 유쾌하되 이내 지루하다. 그래서 이야기꾼은 프로다. 무겁지도 가볍지도 않으며, 복잡하지도 단순하지도 않은 경계의 줄타기에 능하다. 재미를 추구하되 함몰되지 않으며, 교훈을 찾되 '엄근진(엄숙 근엄 진지)'과 거리를 둔다.

영화의 서사(敍事)도 같은 틀을 가진다. 시간 죽이는 오락 일변도의 영화가 아니라면 시나리오 작가는 교훈과 재미의 두 마리 토끼를 쫓기 마련이다. 새털처럼 가벼운 세태라지만 이런 고전적인 미학은 아직도 힘이 있다. 더욱이 이창동처럼 인간 내면의 심연을 찾으면서 동시에 그것과 세상을 연관 지으려는 감독은 선택지가 별로 없다.

개봉하기 전부터 관객과 평단의 주목을 받은 영화 〈버닝〉이 종영

(終映)의 길을 가고 있다. 영화 비평가들은 하나같이 호평했지만, 현장 대중의 반응은 냉담하다. 그것이 〈어벤져스〉 같은 마블영화 탓이든, 계절적 요인 탓이든 〈버닝〉 상영관은 썰렁하다. 누군가는 〈버닝〉이 '칸영화제'에서 빈손으로 돌아온 것에서 원인을 찾는다.

〈버닝〉은 148분 상영시간 내내 서사의 힘을 유지한다. 2018년 한국사회를 살아가는 세 사람의 이야기가 객석을 휘어잡는다. 그것은 탁월한 이야기꾼 이창동의 힘이기도 하고, 색감과 상징이 차고 넘치는 영화의 힘이기도 하다. 비어있는 객석은 자상하지도 따뜻하지도 않은 감독의 영화가 싫은 청춘들의 고단한 일상 때문은 아닐까.

단절과 연대

배달 알바생 종수가 등짐 지고 길을 간다. 영사기는 종수의 뒤를 따르면서 맞은편에서 다가오는 군상(群像)의 걸음걸이와 표정을 잡아낸다. 그들과 반대 방향으로 걸어가는 종수의 발걸음이 위태롭게 휘청댄다. 그가 도달한 목적지에는 도우미 두 사람이 몸을 흔들고 있다. 때마침 진행되는 경품행사에서 종수는 여성용 시계를 얻는다.

"야, 이종수! 너, 나 몰라?! 나, 해미야, 해미! 파주에서 같이 살았던!…"

그렇게 청춘남녀는 거리에서 해후한다. 종수가 어린 시절 함께 보냈던 해미를 알아보지 못한 까닭은 '성형' 때문이다. 우리는 그들의

지난 행적과 사연을 알지 못한다. 스쳐 지나가듯 전해지는 말이나 그
들의 거주공간으로 넘겨짚을 따름이다. 500만 원 카드빚이 있는 해
미나, 이런저런 알바를 전전하는 종수의 삶은 뿌리 뽑힌 듯하다.

괴팍한 성격의 아버지와 가출한 어머니, 결혼하여 애도 있다는 누
나를 가진 종수. 카드빚 청산 전에는 돌아올 생각은 꿈에도 하지 말
라는 모친과 언니를 둔 해미. 그들이 해후 첫날 자연스레 엮어지는 데
에는 까닭이 있는 것이다. 하지만 해미가 통보하는 아프리카 여행은
뜻밖이다. 없는 돈 모아 케냐의 일몰을 보고 오는 해미.

종수와 해미와 전혀 다른 삶을 살아가는 벤. 그것은 종수의 낡은

포터와 벤이 몰고 다니는 포르쉐로 선명하게 구현된다. 종수와 동질성을 느끼지만 해미는 시종 벤과 엮인다. 해미와 종수의 연대도, 벤과 해미의 관계도, 그들 관계를 질투하는 종수의 내면도 견고하지 않다. 그것은 이 시대 청춘들이 살아나가는 양상이자 서사의 기초다.

노동과 유희

예닐곱 살 나이 차이가 있는 종수와 벤은 해미를 사이에 두고 대화한다. 포터와 포르쉐 차이만큼 노동에 대한 그들의 인식은 거리가 멀다.

"특별하게 하는 일은 없어요. 요즘엔 일하는 것과 노는 것 차이가 없잖아요."

벤은 하는 일도, 하려는 일도 없다. 무직의 그에게 수치심이나 부담감 같은 것은 전혀 없다. 우리는 그의 화려한 삶을 가능하게 하는 돈의 출처를 모른다. 물속의 고기처럼 자유롭게 벤은 주어진 삶을 향수(享受)한다. 벤은 지금껏 슬픔을 느낀 적도 눈물을 흘린 일도 없다. 빗물처럼 판단하지 않으며 가슴의 충만을 방침으로 살아가는 벤.

문창과 출신으로 소설을 쓰려는 종수는 언제나 육체노동에 내몰려 있다. 그의 글쓰기는 재판 중인 아버지를 위해 탄원서를 작성하는 장면으로 국한된다. 종수는 해미의 옥탑방 원룸에서도 글을 쓰지만, 그것이 소설인지 아닌지 알 수 없다. 포크너의 소설에서 자신을 찾고

있지만, 종수의 글쓰기는 그의 일상과 행장만큼이나 혼란스럽다.

　육체노동으로 먹고 살아왔지만 해미는 언제부턴가 일하지 않는다. 벤 옆에 서성대면서 그가 던져주는 것으로 끼니를 잇는다. 케냐의 황량한 주차장에서 본 부시맨의 춤사위를 시연(示演)하면서 해미는 '리틀 헝거'와 '그레이트 헝거'의 차이를 말한다.

　"리틀 헝거는 그냥 배고픈 사람이지만, 그레이트 헝거는 삶의 의미를 묻는 사람이에요. 나는 흔적도 없이 어디론가 사라지고 싶어요."

흐르는 강물처럼 이리저
리 몰려다니는 바람처럼 자
신의 의미와 자취를 남기지
않고 해미는 이 세상에서 사
라지려 한다. 그녀를 길러온
시공간과 인과율과 절연(絶
緣)하고 작별하려 한다. 마치
낡은 헛간이나 쓸모없는 비
닐하우스처럼 태워져도 무방
하다고 그녀는 생각한다. 해
미는 세상 모든 것이 춤이나
유희일지 모른다고 생각하는
듯하다.

격절(隔絶)된 공간과 관계

영화는 종수의 파주와 해미의 후암동, 벤의 반포를 번갈아 보여준
다. 아버지의 부재로 고향에 돌아오는 종수. 북한의 대남방송이 들려
오는 파주. 아프리카로 가기 전에 해미가 머물렀던 후암동. 하루에 한
번 남산타워에 반사된 빛이 잠시 찾아오는 공간. 세련된 호텔 방을 연
상시키는 벤의 거주지. 한반도처럼 분단되고 격절된 공간들의 연속.

해미의 방에서 종수는 남산타워를 보면서 자위(自慰)한다. 콘돔도 낯설었던 그의 반복되는 배설에는 고통과 고독이 함께한다. 그것은 첫 번째 만난 날 하나가 되지만 따로였던 둘의 관계가 다시 단절되었음을 뜻한다. 하룻밤 사랑에 익숙한 해미와 그녀의 고양이는 어디로 갔을까?! 잇단 실종과 부재로 덜거덕거리는 종수의 영혼과 육신.

해 질 녘에 종수의 집을 찾아온 두 사람. 그들이 대마초를 피우면서 먼 곳으로 떠나던 때 해미가 춤추기 시작한다. 케냐에서 보았던 저녁놀의 분광(分光)이 파노라마처럼 펼쳐진다. 노란색에서 붉은색으로, 다시 보라색에서 남색으로 변하여 마침내 빛마저 사라져버려 어둠만이 사위(四圍)를 채운다. 변화의 종말이 암흑과 대면하는 상징적인 장면.

경찰차가 일정한 간격으로 순찰하는 정갈하고 화사한 반포의 빌라촌. 거기서 일회용 여인을 정성스레 화장해주는 벤. 해미로 인해 그곳을 찾은 종수는 벤의 화장실에서 뜻대로 배설하지 못한다. 문득 열어본 장에 담긴 목걸이와 머리 묶는 줄과 시계. 여성용 화장품이 빼곡하게 들어 있는 벤의 손가방. 종수의 몸과 발걸음이 사뭇 흔들린다.

진실은 무엇이고, 어디에 있는가?!

해미가 잠든 사이에 종수는 벤에게 사랑을 말한다. 해미를 사랑한다는 종수의 말에 벤은 나무라듯 시큰둥하다. 그의 오롯한 관심은

비닐하우스를 태우는 것이다. 아무도 눈길 주지 않는, 더럽고 외떨어진 비닐하우스를 골라 태운다는 벤. 경찰도 그런 것에는 관심을 두지 않는다는 벤. 파주에서 태울 비닐하우스를 물색하러 왔다는 벤.

해미는 옛날 살았던 파주의 집 옆에 우물이 있었다고 말한다. 거기 빠져서 오래도록 울고 있을 때 자기를 구해준 사람이 종수였다는 게다. 하지만 종수는 종내 생각나지 않는다. 해미 가족도 기억하지 못하는 마른 우물을 16년 전 가출한 종수 모친이 기억해낸다. 누구의 기억이 맞는 것일까. 여기서 영화는 〈라쇼몽〉(1950)과 잠시 만난다.

연락 끊긴 해미를 찾아온 종수를 기다리는 것은 말끔하게 정돈된 방이다. 언제나 너저분하게 어질러져 있던 해미의 방. 그가 주곤 했던

고양이 사료도, 똥통도 사라지고 없다. 그러하되 창밖 너머 남산타워
는 여전히 말끔한 빛을 던지고 있다. 머릿속이 허옇게 되도록 망연해
지는 종수. 여기서 우리는 해미가 던진 질문을 곱씹어야 한다.

"중학교 때 네가 말했어. 너, 정말 못생겼다고. 자, 이제 진실을 말
해봐."

성형한 해미는 예뻐졌을까. 정말 종수는 해미에게 못생겼다고 말
했을까. 우물과 고양이는 실제로 있었을까. 종수에게 마지막으로 전
화한 해미는 어디로 갔을까. 그레이트 헝거를 찾아 제 발로 떠난 것일
까. 아니면 종수의 의혹과 방화(放火)가 정당한 것일까.

우리가 습관처럼 말하는 진실은 무엇이고, 그것은 어디에 있는 것
일까. 과거의 진실은 변함없이 오늘도 진실하며, 그것은 미래에도 진실
할 것인가?! 소리 없이 비닐하우스를 활활 태우던 〈버닝〉은 숱한 질문
을 던지며 객석을 물끄러미 들여다보고 있다!

엘레지

Elegy

감독 이자벨 코이제트
출연 페넬로페 크루즈, 벤 킹슬리
장르 로맨스 / 멜로 / 드라마
개봉 2009년

이사벨 코이제트는 무엇을 말하려 했을까?!
―〈엘레지〉

남녀의 사랑 이야기는 무궁무진하다. 태초의 신화에서도 우리는 양성(兩性)의 사랑과 대면한다. 그리스 신화의 가이아와 우라노스가 그러하고, 『일본서기』의 이자나기와 이자나미도 그러하다. 만주족 창세신화 『천궁대전』의 여신 아부카허허와 남신 예루리는 상호 각축-대립하는 양상을 보이지만, 그것 역시 양성의 이야기에 기초한다.

문학과 예술에서 빼놓을 수 없는 소재 역시 사랑 이야기다. 메소포타미아의 『길가메시 서사시』와 호메로스의 『일리아스』와 『오디세이아』에서도 사랑은 중요한 비중을 차지한다. 『오셀로』나 『오페라의 유령』에서 사랑은 얼마나 절절하고 가슴 저미는가?! 그래서인지 고리키의 희곡 『소시민』의 폴랴는 "드라마에는 꼭 사랑이 있어야 한다."고 말한다.

필립 로스(1933-2018)의 원작소설 『죽어가는 짐승』(2001)을 각색한 〈엘레지〉(2008)에서도 사랑이 주제다. 소설이나 희곡을 읽은 독자를 만족시킨 영화감독은 거의 전무하다. 나는 톨킨의 『반지의 제왕』을 각색한 피터 잭슨과 『햄릿』을 영화로 만든 케네스 브래너를 예외로 생각한다. 재능이거나 행운이거나 간에 두 사람 영화는 기대 이상이다.

이런 불만이 영화계의 일만은 아니다. 아일랜드의 극작가 조지 버나드 쇼(1856-1950)는 평생 자신의 희곡 상연을 보지 않은 것으로 유명하다. 이유는 간명하다. 극작가의 연극이 주류(主流)였던 19세기와 달리 20세기 연극의 주인은 극작가가 아니라 연출가였기 때문이다. 자기 작품에 마구잡이로 칼질을 해대는 연출가를 좋아할 극작가가 어디 있으랴?!

데이비드 이야기

대학에서 문학을 가르치는 중년사내 데이비드 케페쉬. 그는 문학과 연극, 문화와 예술일반에 정통한 평론가이자 교양인이다. 뉴욕의 텔레비전과 라디오에 고정적으로 출연하면서 성가(聲價)를 올린 유명인이자 호색한(好色漢)이기도 하다. 아내와 이혼한 다음 그가 편력한 여인들의 총계는 확인되지 않는다. 하지만 50명 이상인 것은 분명하다.

사랑을 예찬하고 여인의 아름다움에 심취하지만, 결혼은 감옥이라고 결론지은 데이비드. 어린 아들 케니와 아내를 버린 다음 자유분방

한 삶을 영위한 인간. 이 여자에
서 저 여자로 이동하는 과정에
서 아무 미련이나 죄책감을 느
끼지 않는 진정한 쾌락주의자.
뛰어난 피아노 연주자이자 그림
전문가이며 연극 비평에도 일가
견이 있는 프로페셔널.

　어느 날 24세의 대학원생
콘수엘라가 강의실에 나타난다.
짧은 순간에 데이비드를 매료
시킨 콘수엘라. 〈엘레지〉는 30
년 차이가 나는 남녀의 사랑 이
야기를 다룬다. 어디선가 본 듯한 이야기 아닌가?! 부녀지간을 연상시
키는 대학교수와 학생의 사랑이라니! 반듯하고 교양 있는 한국 관객
들은 벌써 손사래 친다. '뭐 이딴 걸 영화랍시고?!'

　콘수엘라가 데이비드에게 "불쌍한 사람"이라고 말하는 대목이
나온다. 실제로 데이비드는 그런 종자다. 그는 콘수엘라가 경험한 남
자의 총수를 헤아리며, 그들과 어떤 육체적인 관계를 맺었는지 꼬치
꼬치 캐묻는다. 하지만 그녀가 자신의 여성편력을 물으면 즉시 함구
(緘口)한다. 한 번도 그는 콘수엘라에게 여자 이야기를 하지 않는다.

　자신의 비밀한 사랑과 편력은 끝내 감추면서 젊은 애인의 과거행

각을 캐내려는 옹졸한 인간. 데이비드의 그런 내면을 적나라하게 드러내는 장면이 있다. 콘수엘라의 석사 취득파티에 초청받은 그가 보이는 신경증적인 반응이 그것이다. 그녀의 가족과 친지들이 자신을 어떻게 보고 평가할 것인지, 노심초사(勞心焦思)하는 소심한 데이비드.

콘수엘라 이야기

데이비드가 콘수엘라에게 프란시스코 고야(1746-1828)의 〈마야〉를 보여준다. 그는 마야의 코 아래를 손으로 가리면서 그녀가 마야와 닮았다고 한다. 그를 감동과 환희의 도가니로 몰고 가는 것은 콘수엘라의 얼굴과 가슴이다. "예술작품이야. 진짜 예술작품이라고." 콘수엘라는 그토록 자신의 얼굴과 몸에 탐닉하는 데이비드를 진정 사랑한다.

콘수엘라가 데이비드에게 빠져드는 것은 유명인사에 대한 동경(憧憬)도, 지식인 교수를 향한 선망도 아니다. 중년사내의 여유로움이나 중후함 때문도 아니다. 그것은 인간적인 호기심과 데이비드가 가진 재능과 풍부한 감수성 혹은 교양 때문이다. 또는 그녀의 몸을 데이비드만큼 깊고 진지하게 사랑해준 남자가 없었기 때문일지도 모른다.

"당신은 나의 모든 것"이라고 콘수엘라는 말한다. 하지만 데이비드는 언제나 자아를 중심으로 두고 정확하게 행동한다. 피아노 위에서 진자운동 하는 메트로놈처럼. 해변에서 그녀가 들리지는 않지만 입 모양으로 알아챌 수 있도록 발화(發話)하는 "사랑해!" 하는 말은 전달되지 않는다. 그것은 중년 사내에게 감정의 사치에 지나지 않는다.

30년 넘도록 사랑을 전전한 돈 후안이자 카사노바인 데이비드는 콘수엘라에게 깊이 빠져든다. 마치 헤어 나올 수 없는 늪지대의 심연에 빠진 것처럼. 사랑의 전제조건이 자유라고 생각해온 데이비드는 콘수엘라를 질투하고 의심하기 시작한다. 어린 시절에는 생각조차 하지 않았던 의혹과 조바심으로 데이비드는 동요하고 혼란스러워진다.

그림 이야기

〈엘레지〉를 감독한 이사벨 코이제트는 바르셀로나 출신의 에스파냐 여성이다. 그래서인지 우리는 영화에서 벨라스케스(1599-1660)의 그림 〈시녀들〉과 고야의 〈마야〉를 만난다. 1656년에 그려진 〈시녀들〉은 독특한 구성으로 이름난 작품이다. 마르가리타 공주는 그림 가운데 있고, 펠리페 4세 내외는 원경(遠景)의 거울 속에 자리한다.

난쟁이를 비롯한 두 사람의 어릿광대와 개가 그림 오른쪽 전면에 있고, 시녀 두 사람이 공주를 사이에 두고 그림 가운데 위치한다. 화면 왼쪽에는 그림의 모델인 황제내외를 응시하면서 생각에 잠긴 듯 보이는 화가 벨라스케스가 서있다. 그림의 주인공은 시녀도 황제내외도 공주도 난장이와 개도 아니고, 화가 자신인 것처럼 보인다.

모델로 등장한 황제내외를 찾아온 마르가리타 공주와 그녀를 둘러싼 인물들은 전면에, 황제내외는 후면(後面) 원경의 거울 속에 그려져 있는 그림. 영화에서 이 그림은 스치듯 지나간다. 그것은 〈시녀들〉의 화가 벨라스케스의 당당하고 자신감 넘치는 주인공 구실을 영화 감독 이사벨 코이제트는 담지하지 않겠다는 의사표현 아닐까.

고야의 그림 〈마야〉는 반복적으로 등장한다. 영화 말미에서 콘수엘라는 사진 전문가이기도 한 데이비드에게 〈마야〉의 포즈를 취한다. 그것은 그녀의 마지막 부탁이기도 하다. 〈마야〉는 옷을 벗은 마야와 옷을 입은 마야 두 가지다. 콘수엘라는 그 절충점에 해당하는 자세를 취한다. 데이비드가 예찬해 마지않은 가슴만을 드러내기 때문이다.

데이비드와 콘수엘라 이야기

데이비드는 콘수엘라 부모가 마련한 파티에 참석하지 않는다. 그
것은 콘수엘라의 일상 하나하나를 점검하려 했던 어리석은 사내의 행
각이 보여준 결정판이다. 익명(匿名)의 세상을 향해 내면을 낱낱이 토
로할 정도로 자신만만하며 당당한 사내가 특별한 여인의 애인이 되기
를 거부하는 행위다. 고로 양자의 결렬은 예정조화처럼 자명하다.

감독은 결렬보다는 변화에 방점을 찍기로 한다. 데이비드의 절친 조지의 느닷없는 죽음과 콘수엘라의 상실을 극복해나가는 사내의 변신을 보여주기 때문이다. 사실 그의 변화과정은 서서히 준비되고 있었다. 데이비드는 남녀관계의 시작과 끝을 주관하는 것은 남성이라는 고정관념으로부터 조금씩 거리를 두고 인내심 있게 기다린다.

그는 자신의 몸과 마음을 격동시켰던 여인의 육체뿐 아니라, 보이지 않는 내면세계까지 들여다보려 한다. 조지의 말처럼 여인의 아름다운 육체의 장벽에 가로막힌 미욱한 존재가 아니라, 여인의 모든 것을 통찰하고 헤아리는 인간이 되려는 것이다. 그것의 정점은 중환자실에서 콘수엘라와 데이비드가 주고받는 대화에서 드러난다.

"가슴이 없어도 나를 사랑할 거야?!" 데이비드가 극찬한 예술작품 같은 가슴을 상실한 콘수엘라가 그런 질문을 하는 것은 당연해 보인다. 그것은 여자의 육체만을 탐닉한 불쌍한 인간 데이비드의 심연을 관통하는 문제다. 여기서 빛을 발하는 장면이 콘수엘라의 절반만 벗은 몸을 공들여 찍는 데이비드의 카메라 앵글 움직임이다.

콘수엘라가 옷을 벗거나 옷을 입거나, 가슴이 있거나 가슴이 없거나, 하는 것은 문제되지 않는다는 표정의 데이비드. 이제야 그는 독립적인 인격과 영혼과 정신을 가진 성숙한 인간 남성으로 태어난 것 같다. 사랑의 본질은 영혼과 육신의 분리나, 세대 차이를 실감케 하는 나이나, 지식과 교양의 다과(多寡)가 아니라, 있는 그대로 대상을 바라보고 수용하는 것이라고 이사벨 코이제트는 큰소리로 외치고 있는 듯하다!

공작

감독 윤종빈
출연 황정민, 이성민, 조진웅, 주지훈
장르 드라마
개봉 2018년

흑금성, 그는 왜 공작원이 되었나
—〈공작〉

2005년 26세 나이에 〈용서받지 못한 자〉로 데뷔한 윤종빈. 2011년 〈범죄와의 전쟁: 나쁜 놈들의 전성시대〉로 세상에 널리 이름을 알린 윤종빈. 폭력적이고 파괴적인 1980년대 한국사회의 민낯을 생짜로 보여줌으로써 욕망과 배신의 정수를 선보인 감독. 〈범죄와의 전쟁〉은 472만 관객을 동원함으로써 상업영화의 가능성을 입증한다.

2014년에 윤종빈은 〈군도: 민란의 시대〉를 가지고 관객과 만난다. 무능하고 부패한 왕실과 탐관오리들의 학정에 신음하던 조선후기 민초들의 반란을 화면에 담은 영화 〈군도〉. 감독은 말한다. "〈군도: 민란의 시대〉에서 관객들이 심장 뛰는 액션활극의 쾌감과 재미를 전복의 카타르시스와 함께 시원하게 느낄 수 있으면 좋겠다."

478만 관객이 윤종빈의 바람을 공유한다. 그는 한국의 역사적인 시공간을 깊이 사유하고 있는지 모른다. 왜냐면 그가 2018년에 들고 나온 영화가 〈공작〉이기 때문이다. 〈공작〉은 분단 70년 세월 한반도 의 정치-사회적인 상황을 반추하도록 인도한다. 윤종빈은 1980년대 와 19세기 중반을 거쳐 20-21세기 우리의 자화상을 들여다본다.

영화의 시공간

1992년 '초원 복국집' 사건에도 불구하고 김영삼이 대선에서 김대 중을 누르고 대통령에 당선된다. 오늘날에도 회자되는 왕비서 김기춘 의 "우리가 남이가?!" 하는 일갈은 지역감정 조장의 망언 제1호로 기 록된다. 1989년 3당 합당으로 김종필과 함께 노태우 휘하로 들어가 1990년 민자당을 창당하고 대한민국 제14대 대통령이 된 김영삼.

1993년에 이른바 '북핵문제'가 불거지고 한반도에 위기의 징후가 감돈다. 정보사 출신 박석영이 안기부 해외실장 최학성의 호출을 받 는다. 북한이 개발하고 있다고 '여겨지는' 핵의 실체를 캐는 임무와 함께 암호명 '흑금성'이 그에게 부여된다. 지금까지 살아왔던 삶과 완 전히 절연하고 새로운 인간 흑금성으로 재탄생하는 박석영.

〈공작〉은 박석영이 흑금성으로 전환하는 과정을 이런저런 각도로 보여준다. 그런데 영화는 목숨을 걸어야 하는 대북 공작원이 되는 박 석영의 내면세계를 들여다보는 데 매우 인색하다. 수많은 북파 공작 원들이 살해당하거나 실종되었다는 정도의 정보만 스치듯 제공할 뿐

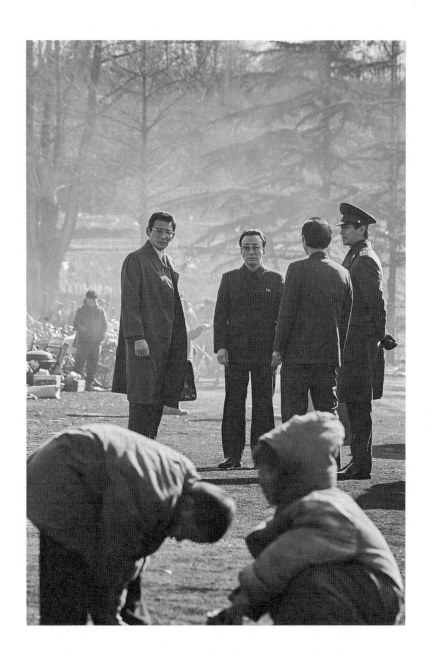

243

이다. 그런 까닭에 공작원 흑금성이 평면적인 인물이라는 느낌을 지
우기 어렵다.

우리는 영화에서 1993년을 기점으로 한 흑금성의 등장과 1997년
제15대 대선국면을 지나 2005년까지 서울과 평양, 북경 그리고 한반
도 곳곳과 대면한다. 흑금성이 접촉하는 북한 대외경제위 차장 리명
운, 북경주재 국가안전보위부 정무택, 평양 주석궁의 김정일 국방위
원장, 집권여당 국회의원 등이 영화의 사건과 관계를 추동한다.

안기부와 안전보위부

윤종빈의 신작 〈공작〉이 설득력을 가지는 것은 안기부의 북한과 해외관련 업무가 국내 정치상황과 긴밀하게 연동돼 있다는 점이다. 아니, 국내의 정치적인 변동이 최우선이며, 나머지는 종속변수라는 사실이다. 북한의 핵개발이 얼마나 진척되었고, 북한이 핵무기를 가지고 있느냐, 하는 것이 흑금성에게 부과된 가장 중요한 과제다.

하지만 한반도 남단의 정치정세 변화로 인해 북핵문제는 핵심적인 문제에서 주변부 문제로 격하된다. 안기부라는 '조직'의 생사문제가 일차적인 과제로 떠오르기 때문이다. '빨갱이' 김대중이 이회창을 앞서면서 대북공작의 전초기지이자 집권여당의 권력창출 하부기관 안기부의 존폐가 초미의 관심사로 부상한다. 〈공작〉은 이 지점을 파헤친다.

흥미로운 사실은 남한의 안기부처럼 북한의 안전보위부도 유사한 생리를 가지고 있다는 점이다. 영화에서 '비호감'으로 그려지는 인물 정무택은 대외경제위 리명운과 사사건건 충돌한다. 최고 권력자 김정일과 맞닿아 있다는 자부심과 자신의 권력의지로 인해 정무택은 직급과 연공서열에서 상관인 리명운을 거스르며 충돌을 자초한다.

영화는 이것을 남북의 공통적인 문제로 제기한다. 국가와 민족의 이름을 내세우지만, 실상은 전혀 그렇지 않다는 명징한 인식을 보여주는 것이다. 정치적인 상황이 변하거나(남한), 권력자의 의지가 작용한다면(북한), 그 조직은 약화하거나 폐지될 수도 있음이 드러난다. 누구를 위한 권력이며, 무엇을 위한 조직인가, 그것이 문제다.

김정일과 북풍

〈공작〉에서 그려지는 북한의 모습은 너무도 극단적이다. 영변의 저잣거리와 꽃제비, 악취를 풍기며 산처럼 쌓여있는 시신들은 문자 그대로 끔찍하다. 주석궁에서 김정일이 보여주는 행태는 절대주의 시절의 제왕과 조금도 다르지 않다. 흑금성을 주석궁으로 안내하면서 리명운이 전달하는 주의사항은 그 점을 분명하게 드러낸다.

"한민족의 입장에서 저쪽이 어렵다고 하니까 도와주는 것이지. 우리가 없으면 남쪽이 제대로 돌아가겠나, 그 말이야?!"

1996년 4월 국회의원 총선거를 목전에 둔 시점에 발생한 '판문점 북풍사건'을 염두에 두면서 김정일은 남북의 정치적 공생관계를 노골적으로 표출한다. 남한의 집권세력이 적절한 보상을 한다면, 북한이 적당한 선에서 호응함으로써 쌍방의 이익을 극대화한다는 얘기다. 이것이 영화 〈공작〉이 객석에 전달하고자 하는 핵심적인 메시지다.

그런 까닭에 우리는 1997년 12월 대선을 앞두고 벌어지는 일련의 숨 막히는 상황변화에 주목하는 것이다. 북핵의 실체에 가장 근접한 흑금성의 필사적인 노력과 집권당 앞잡이 노릇에 충실하려는 안기부 윗선의 조직 이기주의가 정면충돌한다. 흑금성의 목숨을 건 도박과 그를 저지하려는 안기부와 집권여당의 치열한 대결이 펼쳐진다.

공작원 흑금성

대북 공작원이라면 우리는 냉철하고 잔인하며 물불 가리지 않는 인간형을 떠올린다. 그가 최종적으로 목적한 것이 돈이든 권력이든 국가든 민족이든 무관하게 그렇게 생각하기 십상이다. 대북 공작원 혹은 북파간첩이 활동하는 '북한'이라는 공간이 그런 인상을 자아내기 때문이다. 오랜 세월 우리는 북한을 그렇게 배우고 알면서 살아왔다.

하지만 〈공작〉은 리명운의 따뜻하고 소박한 공간을 보여준다. 젊

은 아내와 어린 아들과 살아가는 외화벌이 총책임자 리명운. 그가 보여주는 소탈함과 따사로운 인간성은 대북 공작원 흑금성의 인간성과 다르지 않다. 500만 가까운 관객이 〈공작〉을 찾은 데는 이유가 있는 것이다. 남이든 북이든 어디나 살만한 곳이다, 하는 새삼스런 인식.

영화는 첫머리에 사실이 아니라, 허구적인 이야기에 근거하고 있음을 강조한다. 그러나 마지막에는 흑금성의 구속과 만기출소를 담담하게 설명한다. 허구와 사실관계의 괴리에서 발생하는 진실은 관객들이 알아서 판단하라는 투다. 그럼에도 우리는 흑금성의 실체와 본질에 대해서 너무나 정보가 없다. 영화도 끝내 그것을 말하지 않는다.

하지만 하나는 말할 수 있다. 2005년 남북합작광고에 등장하는 남북의 배우들 배후에 등장하는 리명운과 흑금성의 눈길이 많은 것을 시사해주기 때문이다. 북한에도 사람이 살고 있으며, 남한도 마찬가지라는 사실. 북풍이든, 공작이든, 주석궁이든, 청와대든, 남과 북은 언젠가 하나가 되어야 한다는 너무도 자명한 그 이치 말이다.

나, 다니엘 블레이크
I, Daniel Blake

감독 켄 로치
출연 데이브 존스, 헤일리 스콰이어
장르 드라마
개봉 2016년

켄 로치, 인간의 존엄을 말하다
—⟨나, 다니엘 블레이크⟩①

    1936년 출생한 영국의 좌파거장 켄 로치 감독의 ⟨나, 다니엘 블레이크⟩는 2016년 칸영화제에서 대상을 받은 영화다. 거대자본이 투여된 블록버스터도 아니고, 위대한 인물의 투쟁을 다룬 드라마도 아니며, 역사적인 사건을 천착한 작품도 아니다. 우리와 동시대를 살아가고 있는 소시민의 애환을 담담하게 그려낸 소품이다. 그런데 칸은 그랑프리를 선사했다. 왜 그럴까?!

    1966년 ⟨캐시 집에 오다⟩를 시작으로 메가폰을 잡은 켄 로치는 지금까지 30여 편의 영화를 감독했다. 50년 영화 인생에서 그는 세계의 소외계층과 이주민, 노동자 같은 사회적 약자에 관한 서사(敍事)를 가지고 관객과 만났다. ⟨레이닝 스톤⟩(1993), ⟨빵과 장미⟩(2002), ⟨자유로운 세계⟩(2008), ⟨앤젤스 셰어: 천사를 위한 위스키⟩(2012) 등이 그런

계열에 속한다.

2006년 켄 로치는 〈보리밭을 흔드는 바람〉으로 칸영화제에서 대상을 수상한다. 1995년 〈랜드 엔 프리덤〉의 뒤를 잇는 영화로 분열하는 좌파의 관점으로 에스파냐 내전을 심도 있게 그려냈다는 평가를 받은 영화다.

북아일랜드의 완전한 독립을 위해 싸우는 무장단체 '아이알에이(IRA)'에서 활동하는 테디와 데이미언 형제의 따사로운 우애와 피어린 갈등을 그린 영화가 〈보리밭을 흔드는 바람〉이다. 이런 점에서 어떤 독자는 미하일 숄로호프의 『고요한 돈』(1940)이나 조정래의 『태백산맥』(1989)을 연상할지도 모르겠다.

다니엘 블레이크

뉴캐슬의 허름한 다세대 주택에 사는 다니엘은 40년 경력의 베테랑 목수다. 심장이상을 느낀 다니엘은 의사로부터 일하면 안 된다는 소견을 듣는다. 이순(耳順)의 나이를 바라보는 그에게는 가족이 없다. 평생을 함께했던 아내는 긴 투병생활 끝에 불귀의 객이 되었다. 아내가 미쳐서 죽었다고 다니엘은 말한다. 그것은 그녀가 치매(癡呆)로 고생했다는 얘기로 들린다.

그런 아내를 다니엘은 끝까지 돌본다. 3년 넘도록 아내를 씻기고 보살피며 간병했던 다니엘. 그가 조금이나마 모아두었던 돈은 그래서 바닥나고 만다. 아내가 세상을 버리고 홀로 남은 다니엘을 찾아온 심장발작. 비어버린 주머니와 노동하지 않으면 살아갈 수 없는 상황. 다니엘의 선택은 실업수당을 받는 것이다. 영화는 여기서부터 본격적인 서사를 진행한다.

여기서 한 가지 짚고 넘어가자. 경제대국이자 사회보장이 한국보다 훨씬 잘돼 있다는 영국에서 치매환자를 개인이 돌보아야 하고, 그로 인한 물적인 피해까지 떠맡아야 한다는 함의가 영화에 깔려 있다. 다니엘의 예기치 않은 심장병과 경제적인 난관은 영국의 불완전한 의료제도와 사회보장 체제에서 기인하는 것은 아닌가, 하는 의구심이 드는 것이다. 이것을 명확하게 드러내주는 역사적인 사건과 일화(逸話)가 있다.

1980년대 마가렛 대처와 로널드 레이건은 신자유주의를 거세게

밀어붙인다. 19세기 자유주의를 20세기에 부활시킨 미국과 영국의 정치 지도자들은 초국적 거대기업과 금융의 충실한 하수인이자 앞잡이로 행세한다. '철의 여인'이란 별명을 얻은 대처가 노조와 노동자들을 얼마나 혹독하게 대처했는지는 잘 알려진 이야기다. 2013년 4월 17일 그녀의 장례식에서 어느 시민은 "부끄러움 속에 영면하기를! Rest in Shame!"이라는 팻말을 들고 서 있었다.

대처 이후 영국의 정치 지도자들은 노동당 출신이든 보수당 출신이든 가리지 않고 노조와 노조원을 가혹하게 다루었다. 부패한 일부 노조 지도자들과 노동당 지도자들에게도 크나큰 잘못이 있었음을 불문가지의 일이다. 그런 여파가 영화 〈나, 다니엘 블레이크〉 곳곳에서 감지된다. 실업수당을 받고자 하는 다니엘의 바람은 이런저런 사유로 수용되지 않는다. 고용센터의 권위적이고 고압적인 직원들은 다니엘의 희망을 차례차례 꺾어버린다.

싱글맘 케이티

데이지와 딜런 남매를 기르는 싱글맘 케이티는 런던의 생활고를 벗어나 뉴캐슬로 이주한다. 고속버스로 7시간 남짓 걸리는 생면부지의 도시로 떠나와야 했던 케이티. 낯선 도시의 지리를 몰라 그녀는 고용센터에 늦게 도착한다. 상담시각에 늦은 그녀는 지각을 이유로 고용센터 직원들에게 수모를 당하고 쫓겨난다.

하지만 주위 사람들은 그녀 일가족에게 아무 관심도 보이지 않는다. 그저 누군가가 쫓겨나는구나, 하는 무심한 얼굴로 그들을 바라본다. 다니엘이 그녀를 돕고자 나서지만 그 역시 케이티 가족과 함께 거리로 쫓겨난다.

케이티는 두 아이와 자신의 생계를 위해 청소를 포함한 온갖 궂은 일을 시도하지만 고난은 증폭된다. 급기야 그녀는 다니엘과 함께 두 아이를 데리고 무료음식 배급소를 찾아간다. 친절한 직원의 안내를 받으며 식재료를 고르던 케이티가 깡통 하나를 따서 직원 몰래 음식물

을 서둘러 먹으려다가 주저앉아 울음을 터뜨린다.

"배가 너무 고파요!" 흐느끼는 그녀를 다니엘이 감싼다. 아이들과 다니엘에게 음식을 먹이면서도 자신은 사과 한 쪽으로 허기를 달랬던 케이티. 지독한 굶주림이 야기한 개인의 인격적인 붕괴를 적나라하게 드러내는 장면이다.

어느 날 그녀는 상점으로 장을 보러 간다. 진열대 모퉁이로 돌아서면서 가방 속에 생필품 몇 가지를 쑤셔 넣고 계산대 앞에 서는 케이티. 그녀를 제지하는 상점의 경비원. 케이티는 상점 곳곳에 촘촘하게 설치된 감시 카메라를 알지 못하고 적발된다. 눈물로 호소하지만 그녀는 지배인에게 불려가서 가방을 열어야 한다. 지배인의 기대치 않은 선처를 뒤로 하고 나오는 길에 명함을 들려주는 경비원. "언제든 필요하면 전화하세요!"

켄 로치가 이 장면을 일회용으로 삽입했을 리는 만무하다. 구멍 난 운동화 때문에 학교에서 놀림거리가 되는 데이지. 데이지를 위로 하면서 새 운동화를 사주겠다고 약속하지만 케이티의 수중에는 그럴 여유가 없다. 그녀의 유일무이한 선택지는 명약관화하다. 감독은 여기서 멈추지 않는다.

케이티가 빅토르 위고의 장편소설 『레미제라블』(1862)의 팡틴처럼 몰락해나가는 상황에 다니엘을 개입시키는 것이다. 생활고에 찌들어 막다른 지경에 이른 21세기 영국의 여성인간이 어떻게 무너져 내리는지를 여실하게 보여주는 켄 로치.

이웃청년 차이나

당신은 이웃에 누가 살고 있는지 알고 있는가?! 거주공간이 아파트나 빌라 같은 다세대 주택이라면 십중팔구는 이웃의 정체를 모를 것이다. 더 정확히 말하면 이웃에 대한 아무런 관심도 없을 것이다. 익명성을 완전하게 보장하는 한국의 아파트 공간은 도회지 거주민에게는 천혜(天惠)의 장소다. 층간소음만 해결된다면 아파트는 그야말로 인류 최후의 낙원이다.

하지만 다니엘은 그렇지 않다. 그는 이웃 청년 차이나가 맘에 들지 않는다. 무엇을 하는지 직업이 명확하지 않은 데다가 음식물 쓰레기를 복도에 방치하기 때문이다. 다니엘은 나이 먹은 세대 특유의 세심함으로 차이나에게 이런저런 충고를 아끼지 않는다. 서글서글한 차이나는 백수건달처럼 보이지만, 악의 없는 선량한 젊은이다. 그는 단번에 거금을 쥐려고 한다. 중국의 현지공장에서 도매금으로 유명상표 운동화를 도입하여 판매하려는 것이다.

학벌도 신통치 않고, 제대로 배운 기술도 없는 차이나에게 선택지는 많지 않다. 다니엘은 그런 차이나를 이해하고 도와주기도 한다. 그들 사이에는 한 세대 이상의 나이 차가 있지만 상호이해의 걸림돌은 없어 보인다. 오히려 중년세대와 청년세대 간의 격절(隔絶)이 우심한 한국사회보다 더 인간적이고 훈훈해 보이기까지 한다.

종당에 실업수당도 구직수당도 수령하지 못한 다니엘은 밀린 수도요금과 전기요금 독촉에 가구를 내다팔 수밖에 없다. 인부들 손에 하나둘 옮겨지는 가구를 바라보면서 차이나는 무슨 일이 있느냐고 묻는다. 아무 일 없다고 시큰둥하게 응수하는 다니엘. 그의 표정에는 짙은 수심이 가득하다.

어쩌다가 여기까지 쫓기게 된 것일까, 하는 쓸쓸함이 얼굴 가득 배어 나온다. 성실하고 인간적으로 살아온 지난 40년 인생이 주마등(走馬燈)처럼 질주한다.

연필과 디지털

다니엘이 이 거리 저 거리 떠돌면서 자필 이력서를 돌린다. 그는
열심히 일자리를 구하러 다니는 것처럼 보인다. 뉴캐슬에는 생각보다
일자리가 많지 않다. 40년 경력의 숙련된 목수 다니엘은 그럼에도 지
치지 않고 발품을 판다.

여기서 우리의 관심을 끄는 대상은 다니엘이 손수 작성한 이력서
다. 우리처럼 영국에서도 자필 이력서를 쓰거나 요구하는 개인이나
회사는 많지 않다. 모든 것이 컴퓨터와 디지털로 운영되는 21세기 지

구촌 정보화 사회.

노동청 고용센터 직원의 지시에 따라 다니엘이 현대적인 이력서 작성을 위한 교육에 참가했음을 우리는 알고 있다. 수강생들을 앞에 두고 강사는 어떻게 하면 성공적인 이력서를 쓸 수 있는지 강의한다. 하지만 자기선전에 익숙하지 않은 세대의 인간 다니엘은 그런 강의와 이력서 작성에 손사래 친다. 한 마디로 그는 디지털 세대의 인간이 아 니다.

구직수당이든 실업수당이든 모든 서류는 인터넷으로 일괄 접수된다는 사실을 알게 되지만 다니엘은 속수무책이다. "나는 컴퓨터 세대가 아니라, 연필세대란 말이오!" 하고 목소리를 높이지만, 다니엘의 말에 귀를 기울이는 사람은 아무도 없다. "산이 내게로 오지 않으면, 내가 산으로 가겠다!"고 선언한 무하마드처럼 다니엘은 변화된 세태에 적응해야 한다.

그가 인터넷으로 신청서류를 작성하는 장면은 인상적이다. 화면에 떠있는 가상공간 위에서 자신의 상황과 희망사항을 하나하나 기록해야 하는 다니엘. 하지만 인터넷 문서작성은 결코 호락호락하지 않다. 짬짬이 사라져버리는 화면과 동일한 실수를 거듭하는 다니엘을 보여주는 장면이 되풀이된다.

급기야는 작성시간이 초과되어 여태까지 들인 인고(忍苦)의 수고(受苦)가 물거품 되어버리는 장면에서 컴맹세대 다니엘의 끝 모를 절망과 깊은 한숨이 뼈저리게 다가온다. 세상과 교통하는 방법마저 상실해버린 문맹 아닌 문맹의 다니엘.

그런데 출구가 생겨난다. 차이나가 다니엘의 구세주로 떠오른다. 어렵지 않게 인터넷으로 다니엘의 고되고 지난(至難)한 일과를 해결해주는 차이나. 그는 한술 더 뜬다. 중국에 있는 운동화 공장직원과 화상통화를 하는 것이다. 영국 축구리그 선수들을 낱낱이 꿰는 중국인 친구와 유쾌하게 대화하는 차이나에게 다니엘은 묻는다. "이 근방에 사는 친구지?!"

자신의 육신을 40년 동안 바지런하게 놀림으로써 생계를 유지해왔던 아날로그 인간 다니엘. 현대세계의 물질문명을 대표하는 컴퓨터와 스마트폰과 거리를 두고 살아가는 구식인간 다니엘. 변화된 세계상과 거리를 두고 살아가는 다니엘이 구현하는 정보통신사회의 어두운 민낯이 스치듯 드러난다.

이 장면에서 목수 다니엘과 예수를 중첩하여 사고하는 사람들도 있다고 전한다. 하지만 내 생각으로는, 인류대속의 의미로 골고다 언덕에서 십자가에 못 박힌 예수와 다니엘의 직접적인 비교는 너무 멀리 나간 감이 있다.

영국뿐 아니라, 세계전역에 얼마나 많은 다니엘들이 떠돌고 있을까, 하는 생각이 드는 것이다. 수신자 부담으로 같은 소리를 되풀이하는 스마트폰의 안내전화 목소리는 또 어떤가?! 인간과 인간의 격의 없는 유대가 사라지고 기계와 친숙해야 그나마 살아남을 수 있는 기회가 제공되는 시대의 살풍경(殺風景)이 적나라한 모습으로 우리를 들여다보는 듯하다.

켄 로치, 인간의 존엄을 말하다
― 〈나, 다니엘 블레이크〉②

잘 만들어진 장면

〈나, 다니엘 블레이크〉는 대작영화가 아니다. 기막힌 사랑의 서사도, 아름다운 풍광도, 대규모 전쟁이나 역사적 사건도 없다. 인간내면의 복잡다단한 심연(深淵)을 그리지도 않으며, 영화의 최대무기 가운데 하나인 극한의 상상력도 보여주지 않는다. 켄 로치는 2016년 시점 영국에서 벌어지고 있는 '지금과 여기'의 사건과 갈등과 사람들의 이야기에 초점을 맞춘다.

데이지가 다니엘의 집을 찾아온다. 언제부턴가 연락이 끊긴 다니엘의 안부가 걱정스러운 케이티가 보낸 것이다. 데이지의 거듭된 호출에도 다니엘은 응답하지 않는다. 출입문에 나있는 우편물 수령창구에 얼굴을 대고 데이지가 간절하게 다니엘을 부른다. "다니엘, 저희를 도와주셨잖아요. 이제 저희가 아저씨를 돕고 싶어요!"

이불로 온몸을 휘감은 다니엘이 모습을 드러낸다. 혼자 한겨울 냉기를 추위와 허기 그리고 외로움으로 받아내야 했던 초로(初老)의 사내가 지친 목소리로 말한다. "몸이 좋지 않구나." 가난뱅이들이 서로서로를 위로하고 도우면서 살아가는 장면은 예나 지금이나 동양이나 서양이나 크게 차이가 없는 성싶다. 그렇게 다니엘은 케이티 일가와 다시 연결된다.

영화를 보면서 내가 '역시 거장이로군!' 하고 감탄한 대목은 기실 따로 있다. 그것은 고용센터의 저승사자격인 깐깐한 여성 직원의 비인간적인 비난과 질책 그리고 근거 없는 의심에 대하여 다니엘이 침묵으로 대응하는 장면이다.

"당신이 제출한 자료만으로는 부족해요. 당신이 직접 구직활동을 했다는 증거를 제출하세요. 직접 다니면서 자필 이력서를 제출하셨다는데, 사진 같은 거 있나요?! 왜 이력서를 컴퓨터로 작성하지 않고 직접 손으로 썼나요?! 지난번에 이력서 작성 프로그램 수강하시라고 얘기했잖아요. 그런데도 이렇게밖에 못했다고요?! 만일 이 상태라면 어떤 보조금도 제공되지 않을 겁니다. 사회보장 제재기간도 최장 3년까지 연장될 수 있고요."

60세를 목전에 둔 지금까지 성실하게 살아왔고, 어려운 이웃을 돕는 데 인색하지 않았다고 자부해온 다니엘은 스스로를 '시민'으로 규정한다. 그런 그가 자신을 채용하겠다는 목공소 주인의 전화를 받

으면서 쑥스럽게 응답하는 장면을 우리는 기억한다. "심장병으로 노동할 수 없는 상황입니다. 그럼에도 이렇게 구직활동을 하지 않으면 구직수당을 받을 수가 없어서…"

생존을 위한 최후의 수단으로 차가운 거리를 떠돌면서 구직활동을 해야 했던 다니엘. 그가 기어들어가는 목소리로 스스로를 변명하는 장면에서 목공소 주인의 화난 목소리가 들린다. "그런 이유로 남의 귀중한 시간을 빼앗았단 말이오?!" 다니엘의 곡진한 변명에 귀를 기울일 여유가 없는 목공소 주인은 냉랭하게 전화를 끊어버린다. 낭패한 얼굴의 다니엘.

그런 우여곡절(迂餘曲折)을 겪은 연후에 비로소 다시 찾아간 고용센터에서 다니엘은 구직활동을 했다는 사진증거를 제시하라는 직원의 냉정한 요구에 직면한다. 고용센터 직원의 날선 질책과 비난과 협박에 가까운 엄포에 다니엘은 자신이 제시한 서류일체를 수습하여 자리에서 일어선다.

감독의 영사기는 다니엘의 뒷모습만 비춘다. 힘없이 떨군 목과 굽은 등이 화면에 다가온다. 참 잘 찍었군, 하는 생각이 절로 드는 장면이 아닐 수 없다.

존엄을 위한 다니엘의 투쟁

"이번에는 달라요. 정말 다르다니까요." 케이티가 다니엘을 고용 센터로 인도하면서 들뜬 목소리로 말한다. 그들을 맞이하는 고용센터의 직원은 한 번도 보지 못했던, 휠체어에 탄 장애인이다. 여태까지 다니엘을 맞았던 직원들과 사뭇 다른 태도를 보이는 직원은 다니엘의 처지를 매우 긍정적으로 판단한다.

모든 일이 순조롭게 진행되어 다니엘은 마침내 기나긴 고통의 질곡과 수렁에서 구원받을 수 있을 것처럼 보인다.

하지만 켄 로치 감독은 영화를 극적인 상황으로 인도한다. 전혀 예기치 못한, 하지만 명민한 관객은 어느 정도 감지했을 정황을 제시하는 것이다. 급작스레 표변한 상황을 받아들이지 못하는 다니엘. 그의 심장이 요란하게 박동치기 시작한다.

영화 말미에서 우리는 케이티가 대독(代讀)하는 다니엘의 편지와 만난다. 그가 고용센터의 심사위원들에게 전달하고자 했던 편지다. 그것은 〈나, 다니엘 블레이크〉에서 좌파거장이 영국과 세계의 우파 정치인들에게 전달하고 싶었던 것인지도 모른다. 그런데 켄 로치는 대처 수상 장례식 때 《가디언》 기자에게 자신의 소회를 이미 소상하게 밝힌 바 있다.

"마가렛 대처는 현대 영국의 총리 가운데 가장 분열적이고 파괴적인 인물이었습니다. 대량해고, 공장폐쇄, 공동체 파괴, 이것이 그녀의 유산입니다. 그녀는 싸움꾼이었고, 그녀의 적은 영국의 노동계급이었

267

습니다. 정치적으로 부패한 노동당과 노조의 수많은 지도자들이 그
녀의 승리를 도왔습니다. 오늘날 우리가 궁지에 빠진 것은 그녀가 시
작한 정책 때문입니다.

잘 알려진 토니 블레어처럼 다른 지도자들은 그녀의 뒤를 따랐습
니다. 그녀는 거리의 악사(樂師)였고, 그는 원숭이였습니다. 그녀가 만
델라를 테러리스트라 불렀고, 고문자이자 학살자인 피노체트와 함께
차를 마셨다는 사실을 기억하세요! 어떻게 그녀를 추모해야 할까요?
그녀의 장례식을 민영화합시다. 경쟁 입찰에 붙여 가장 싼 가격을 받아들입시다. 이것이야말로 그녀가 원한 것일 테니까요."

대처의 장례식을 경쟁 입찰에 붙여 가장 싼 가격으로 장례식을 치르자는 켄 로치의 발언에는 그 어떤 정치적인 수사(修辭)도 없다. 신자유주의를 끝 간 데까지 몰고 간 철의 여인에 대한 마지막 전송방법을 직설적으로 발화(發話)한 것이다.

노조를 빌미 삼아 공장을 폐쇄하고, 대책 없이 노동자들을 거리로 내몰고 하청에 하청을 거듭하는 고용방법을 권장했던 대처와 레이건. 그와 같은 공동체 파괴를 지속적으로 벌여온 영국의 정치 지도자들을 향한 켄 로치의 분노의 일갈이 '대처의 장례식을 민영화하자!'는 것이었다.

성실한 목수이자 선량한 시민으로 살아온 다니엘이 어느 날 느닷없이 맞이해야 했던 최후의 시각. 마치 예감이라도 한 것처럼 그는 부당한 강자들이 설레발치는 세상을 향한 저항의 편지를 휴대하고 있었다. 그가 편지에서 거듭 강조한 말은 이렇다.

"나, 다니엘 블레이크는 시민입니다.
그 이상도 그 이하도 아닙니다!"

2016년 칸영화제에서 〈나, 다니엘 블레이크〉가 끝났을 때 객석에서는 15분이 넘는 기립박수가 쏟아졌다고 한다. 의례적인 상찬(賞讚) 치고는 지나치게 긴 시간 지속된 기립박수. 그것은 21세기 신자유주의 시대를 살아가는 고단한 세계 시민에게 보내는 위로와 연대의 표현이 아니었을까?!

최선을 다한 인생의 종점에서 주인공이 맞이한 비인간적인 대우와 관료주의의 견고한 덫과 냉담한 불신과 의혹의 눈길에 대한 아픈 속죄는 아니었을까?!

한 사람의 시민으로 살아왔기에 시민으로 대접받고, 시민으로 받아들여지기를 희망했던 인간 다니엘. 하지만 그가 실직과 곤궁과 고독에 몸부림치면서 맞닥뜨린 경제대국 영국의 사회복지와 그 실행자들은 인간의 모습을 한 악마에 지나지 않았다.

그들은 죽어가는 아내를 지성스레 간병하고, 이웃을 따뜻한 눈으로 바라보고 도왔던 시민 다니엘의 존엄성을 끝내 부정하고 짓밟았다. 그리하여 최후의 순간에 다니엘은 '시민'으로서 인간의 존엄성을 전면에 내세움으로써 불의하고 부도덕하며 냉정한 신자유주의 세상을 통절(痛切)하게 고발한 것이다.

글을 마치면서

오늘날 언론에 자주 보도되는 것 가운데 하나가 4차 산업혁명이다. 빅 데이터, 드론, 3차원 인쇄기, 인공지능 로봇, 자율주행 자동차 같은 신조어(新造語)가 하루가 멀다 않고 지상(紙上)에 보도된다. 불과 20-30년 후의 삶이 어떻게 변화할 것인지에 대한 보도 역시 심심찮

게 우리의 눈을 자극한다. 어떤 이들은 2050년 이후 닥칠 미증유의 초지능에 대해서도 이야기한다. 인공지능의 능력을 수천 배 이상 소유한 초지능이 등장한다면, 인류의 미래는?!

그러나 우리네 인생은 과거의 쉼 없는 누적과 현재의 지속적인 축적으로 이루어진다. 그런 연유로 우리는 19세기 자유주의와 지난 2008년 리만 브라더스 사태 이후 세계를 강타한 금융위기를 기억하는 것이다. 20대 80의 사회 대신 언제부턴가 1대 99의 세상이 떠돈다. 급기야 이제는 99.9대 0.01의 세계가 도래할지도 모른다는 주장마저 나오고 있다.

그 모든 예측이 도달하는 최종지점은 돌이킬 수 없는 극한의 불평등이다. 노인이나 병자, 장애인과 빈자(貧者) 같은 사회적 약자대열에 지적-정신적 능력이 취약한 절대다수가 인입될 것처럼 보이는 암흑의 미래사회가 목전에 있는 것이다.

인류에게 필요한 최고수준의 지식과 정보를 소유한 극소수의 인간과 그들의 노예로 살아가야 하는 절대다수의 인간들이 보여줄 미래상은 봉준호가 〈설국열차〉에서 이미 제시하였다. 예기치 못한 마지막 장면의 부드러움과 우아함에도 불구하고 우리는 언젠가 닥칠 〈터미네이터〉의 세계에 몸을 떨었던 게다.

이러매 잠시 생각한다. 상상력의 극한까지 이르렀다는 마블영화 〈어벤져스: 인피니티 워〉가 천만관객을 돌파하여 관객몰이에 성공했다고 전한다. 다른 한편으로 죽음 이후의 세계를 진지하게 다룬 김용화 감독의 영화 〈신과 함께〉가 1,440만 관객을 모아 화제가 되기도 하였다. 이런 양극단에서 우리는 인간을 둘러싸고 진행되는 사회-정치-경제-문화적인 제반 상황의 격변을 감촉하며 일상을 살아간다.

그럼에도 언제나 놓쳐서는 아니 될 것이 인간적인 삶의 기본적인 조건이라고 나는 믿는다. 내남 할 것 없이 우리가 인간으로서, 호모사피엔스로서 가져야 할 가장 기초적인 덕목을 포기해서는 안 될 것이라는 자명한 명제를 고려해야 한다고 믿는다.

인간으로서 타자와 맺고 살아가는 격의 없는 유대관계를 거듭 확인하고 그것을 공고히 함으로써 우리는 비로소 진정한 인간이자 세계시민의 한 사람으로 우뚝 설 수 있는 것이 아닐까?!

안시성

감독   김광식
출연   조인성, 남주혁, 박성웅
장르   시대극 / 액션
개봉   2018년

〈안시성〉에 뛰는 가슴,
'국뽕'인가 역사인가?! ①

글을 시작하면서

역사를 소재로 한 영화를 보면서 우리는 '어디까지가 사실일까' 하는 의문을 가진다. 여기서 '사실'은 최소한 두 가지 의미를 내포한다. 사실은 실제로 존재했던 사건(事實)과 그것에 대한 역사기록(史實)을 의미한다. 실제 발생한 사건과 함께 기록의 진실문제가 제기된다. 누가 기록하는가에 따라 사실의 신뢰성 여부가 생겨나기 때문이다. 역사가 흔히 승자의 기록물이기 때문에, 패자의 기록은 사상(捨象)되거나 불태워지기 일쑤였던 것이다.

구로사와 아키라의 〈라쇼몽〉은 하나의 사건을 바라보는 모순되는 시선을 제시함으로써 사실의 진실여부 검증의 어려움을 보여준다. 길 가던 사무라이 다케히로가 살해당하고, 그의 아내 마사코가 강간당하는 사건이 벌어진다. 주범은 산적 다조마루. 나무꾼까지 사건의 목격자로 가세하지만 사건을 바라보는 네 사람의 시선은 사뭇 엇갈린다. 개별자의 눈에 비친 사건의 진실이 상이하기 때문에 사건의 본질 내지 진실은 오리무중(五里霧中)이다.

아직도 회자되는 '임나일본부설' 논쟁도 『일본서기』에 담긴 기록의 진실성 여부가 문제의 핵심이다. 이런 점에서 스기야마 마사아키의 〈유목민의 눈을 본 세계사〉는 설득력이 크다. 동아시아 역사의 대표적인 기록 담당자인 중국의 사서(史書)에 도전장을 던지기 때문이다. 그는 정주 농경민들과 달리 기록을 남기지 않은 이동 유목민의 눈으로 유라시아 역사를 종횡으로 누빈다. 유라시아 동단(東端)의 지식인이 중국이 기록한 역사적 사실에 물음표를 던진 것이다.

한반도 역사를 다룬 몇 편의 영화

1,760만 관객을 동원함으로써 한국 영화사의 신기원을 쓴 김한민의 〈명량〉(2014)은 1597년 정유재란 당시 이순신 장군이 이끌었던 명량대첩을 소재로 한다. 왜군과 공방을 벌이던 조선수군이 위기상황에 처하자 백성들이 바다로 나가 힘을 합쳐 승리를 이뤄내는 장면은 압권이다. 그런데, 그것이 가능한 얘긴가?! 말도 안 되는 허구다. 감독의 애국충정에 불타는 상상력이 만들어낸 21세기 역사왜곡이다. 그래서 '국뽕'이란 비판이 나온 것이다.

　김한민은 1636년 병자호란을 다룬 영화 〈최종병기 활〉(2007)에서 이미 화려한 '국뽕' 감독으로 진가를 알렸다. 가공할 육량시(六兩矢)를 자유자재로 쓰는 청의 명궁 쥬신타에 대적하는 조선신궁 남이를 등장시켜 애국적인 민족혼을 한껏 불어넣은 게다. 역사적 사실과 너무도 달리 전개되는 영화에 747만 관객은 아낌없는 박수갈채를 보내며 열광했다. "그랬으면 얼마나 좋았을까?!" 하는 희망사항으로 결합한 한국의 애국주의 관객들.

　추창민의 〈광해, 왕이 된 남자〉(2012)는 1,230만 관객의 호응을 얻어내 관객동원 9위에 올랐다. 역사적 인물 광해와 감독이 새롭게 창조한 인물 광해 사이의 거리가 흥미로웠던 영화. 구로사와 아키라의 〈카게무샤〉(1980)와 마크 트웨인의 동화 〈왕자와 거지〉(1881)에 나오는 수법을 차용한 영화.

사서에 기록된 폭군이 아니라, 자주적인 외교노선을 지향하고, 대동법과 호패법으로 권문세가의 재부(財富)를 백성들에게 균분(均分)하려 했던 상상 속의 군주 광해를 등장시킨 영화. 그로써 2012년 대한민국 국민들이 고대해마지 않았던 대통령상을 상상의 공간 영사막에 투영한 영화.

한국 영화계에서 역사장르에 가장 호가 난 인물은 이준익 감독이다. 2003년에 희극영화 〈황산벌〉로 역사물에 이름을 알린 그는 〈왕의 남자〉(2005)로 천만관객 동원에 성공한다. 이어서 〈평양성〉(2010), 〈사도(思悼)〉(2014) 등으로 굵직한 족적을 남긴다. 그는 오래된 과거의 인물과 사건뿐 아니라, 〈동주〉(2015)와 〈박열〉(2017) 같은 영화를 연출함으로써 현대의 인물을 담아내기도 한다.

실제역사와 무관하지만 임진왜란을 시간적 배경으로 전개되는 〈구르믈 버서난 달처럼〉(2009) 역시 감독의 상상력을 바탕으로 만들어진 역사영화다.

나당연합군이 멸망시킨 백제와 고구려 이야기를 담은 〈황산벌〉과 〈평양성〉에는 웃음과 역사가 버무려져 있다는 공통점을 가진다. 참혹한 전쟁을 바라보는 서로 다른 여섯 가지 시선을 보여주는 〈황산벌〉에서 계백의 아내는 비장미의 전형을 보여준다. "호랭이는 가죽 땜시 죽고, 사람은 이름 땜시 죽는다!"는 그녀의 처절한 절규는 고금동서의 명언으로 남는다.

지배집단의 분열로 멸망의 길로 들어서는 고구려의 스산한 모습을 김유신의 복잡다단한 흉중과 결합시키는 〈평양성〉에서 '거시기'는 전쟁의 참화(慘禍)와 무용론(無用論)을 설득력 있게 펼쳐낸다.

필자가 인상적으로 들여다 본 영화는 황동혁 감독의 〈남한산성〉(2017)이다. 1627년 청 태조 누루하치의 정묘호란에 뒤이어 1636년 청 태종 홍타이지가 조선군왕 인조에게 군신의 예를 강요함으로써 발발한 병자호란을 배경으로 한 영화.

우리에게 잘 알려진 『칼의 노래』(2001) 원작자 김훈의 동명소설을 손질해 만든 영화 〈남한산성〉. 영화는 다소간의 각색은 허용하지만, 원작의 내용을 모범적으로 따라간다. 풍전등화(風前燈火)의 위기에 처한 조선의 두 신료(臣僚)인 최명길과 김상헌의 우국충정이 영화의 근간으로 작동한다.

주전파(主戰派)인 예조판서 김상헌과 주화파(主和派)인 이조판서 최명길이 좌고우면(左顧右眄)하는 암군(暗君) 인조를 보필하는 과정에서 충군(忠君)과 애민(愛民)으로 격돌하는 영화 〈남한산성〉. 김훈은 두 신료의 내면풍경을 바닥까지 추적하면서 누란지위(累卵之危)의 조선의 백성과 왕가의 종묘사직 그리고 인조를 구하려는 열망을 촘촘하게 그려나간다.

그가 말하려 했던 것은 필시 "실패한 역사에서 배워야 한다!"는 교훈인 듯하다. 감독은 여기에 송파나루 사공의 손녀 '나루'로 대표되는 신생(新生)의 기대를 덧댄다. 〈최종병기 활〉이나 〈명량〉 같은 '국뽕'에는 나오지 않는, 백성들의 대물림으로 연면부절(連綿不絶) 이어지는 역사의 도저한 흐름을 포착하려는 시도가 돋보이는 영화가 〈남한산성〉이다.

〈안시성〉을 둘러싼 역사와 인물

영화 〈안시성〉의 주역인 당 태종 이세민(599-649)은 휘하 신료들에게 말한다.

"나는 동서로 9천리, 남북으로 1만 1천리를 정복했다. 이번 싸움에서도 승리하여 고구려를 정벌하겠노라!"

당 고조 이연의 뒤를 이어 2대 황제가 된 이세민(재위 626-649)은 고창국(高昌國)과 돌궐을 무너뜨리면서 국가의 외연을 확장한 인물이다. 그는 626년 '현무문의 변'을 일으켜 형과 아우를 죽이고, 3개월 뒤에는 고조의 이양(移讓)을 받아 황제 자리에 오른다. 태종 이세민은 연호를 '정관(貞觀)'으로 하고, 방현령과 두여회, 위징 같은 현신(賢臣)을 두고 국가경영에 골몰한다.

이 시기 당나라의 정치와 경제, 문화의 융성을 '정관의 치'로 부르며, 태종은 중국인이 가장 사랑하는 황제로 자리매김한다. 하지만 그에게 실착이 나오게 되는데, 645년 단행한 고구려 원정이다.

시계를 거꾸로 돌려 618년으로 가보자. 그해 수나라가 멸망하고, 이연이 당나라를 세운다. 고구려에서는 영양왕의 이복동생 영류왕이 즉위한다. 영류왕은 신흥강국 당나라와 화친정책을 실시한다. 수 문제와 양제의 두 차례에 걸친 대대적인 원정으로 피폐해진 고구려의 국력을 회복하고, 동아시아의 평화를 도모한 것이다.

그는 622년에 당 고조의 요구에 따라 고구려의 포로가 된 수나라 병사 1만여 명을 송환한다. 아울러 태종이 즉위한 626년에는 고구려 지도인 '봉역도(封域圖)'를 선물한다. 다른 한편 영류왕은 당나라 침략에 대비하여 631년부터 요동지역에 천리장성을 축조하기 시작한다.

영류왕이 대당(對唐) 유화정책을 지속적으로 실시하자 내부의 균열이 모습을 드러낸다. 강경파이자 천리장성 축조 책임자이며 대대로(大對盧) 직함을 가지고 있던 연개소문의 불만이 증폭되는 것이다. 국왕 영류왕과 국무총리 연개소문이 대당정책에서 간극과 갈등을 노정하면서 고구려는 서서히 혼란에 빠져든다.

영류왕은 강경파의 거두 연개소문을 제거하여 정국안정을 도모하려 한다. 연개소문은 상황을 역이용하여 642년에 자신을 반대하는 조정의 신료 100여 명과 영류왕을 살해하고 대막리지에 오른다. 그는 영류왕의 조카 '장'을 보장왕으로 세우고 대당 강경책을 내세우면서 섭정하기에 이른다.

641년 백제의 무왕이 서거하고 의자왕이 31대 국왕으로 즉위한다. 당나라가 '정관의 치'와 활발한 대외전쟁으로 위세를 떨치자 의자

왕은 고구려와 동맹하여 당에 저항하는 정책을 펼친다. 고구려와 연합하여 당의 팽창정책을 저지하고, 신라를 고립시킴으로써 한반도 남단(南端)의 세력경쟁에서 우위에 서려는 전략이었다. 642년에 의자왕은 군사를 내어 신라의 40여 성을 함락시켰고, 특히 김춘추의 사위 김품석이 성주로 있던 대야성(지금의 합천)을 함락시킨다.

의자왕이 승리를 구가(謳歌)할 당시 신라의 군왕은 선덕(재위 632-647)이었다. 백제의 공격으로 거듭 영토를 상실하고 경주로 들어서는

문턱인 대야성마저 함락당하는 위기에 처하자 선덕여왕은 김춘추를 고구려에 보내 출구를 모색한다.

하지만 고구려가 진흥왕에게 빼앗긴 한강 이북의 반환을 요구하면서 김춘추를 궁지로 몰아간다. 가까스로 고구려를 탈출한 김춘추는 유일한 출구이자 방어벽인 당나라에게 구원을 요청하기에 이른다. 이로써 고구려와 백제, 왜가 동맹관계를 이루고, 신라와 당나라가 동맹을 맺는 동아시아의 새로운 역학구도가 생겨난다.

이 정도의 역사적 사실이 영화 〈안시성〉을 이해하는 데 필요한 기초자료일 것이다. 그렇다면 결정적인 인물이 빠져있음이 명확해진다. 안시성주로 회자되는 양만춘이다. 우리는 양만춘에 관한 구체적인 정보를 가지고 있지 않다. 김부식의 『삼국사기』를 보자.

> "당주(이세민)가 백암성을 항복받자 이세적에게 말하기를, 내가 듣건대 안시성은 성이 험하고 군사가 정예하며, 그 성주는 재능과 용맹이 있어 막리지(연개소문)의 난에도 성을 지키고 불복(不服)하므로 막리지가 이를 쳤으나 함락시키지 못하고 그대로 맡겼다 한다."(《삼국사기》 가운데 '고구려본기' 제9권, 보장왕)

여기서 두 가지 단서를 찾을 수 있다. 안시성은 성의 지세(地勢)가 험준하고, 정예군사가 지키고 있다는 사실과 연개소문에게도 굴하지 않은 용맹과 재능을 겸비한 성주가 다스리는 안시성.

그럼에도 성주라는 양만춘 이름 석 자는 끝내 역사서에 나오지 않는다. 그러하되 실학자 이익의 『성호사설』과 연암 박지원의 『열하일기』에 '양만춘'이란 이름자가 등장한다고 한다. 고려 말의 유학자 목은 이색은 『정관음(貞觀吟)』에서 이세민이 양만춘의 활에 맞아 한쪽 눈을 실명(失明)한 것을 노래한 바 있다고 전한다.

〈안시성〉에 뛰는 가슴,
'국뽕'인가 역사인가?! ②

영화가 그려내는 인간 양만춘

초목이 우거진 한여름 벌판에 한 무리의 사람들이 모여 있다. 수렁에 빠진 우마차를 꺼내지 못해 안간힘을 쓰고 있는 사람들. 거기에 평양의 태학(太學)에서 수학하고 있던 청년 사물과 동행(同行) 두 사람이 가세한다. 힘겹게 수렁에서 빠져나오는 수레. 그들 무리에 아무렇지도 않게 섞여서 힘을 보태는 양만춘. 그의 차림새와 언어, 행동거지(行動擧止)는 시대를 풍미하는 호걸이나 영웅의 풍모와는 거리가 멀다.

사물의 품속에는 한 자 남짓한 단검이 들어있다. 본디 안시성 출신이지만 일찍 평양으로 유학하여 고구려 최고학문기관에서 공부하면서 연개소문의 사람으로 성장한 사물. 사물에게 단검을 내리고 양만춘의 목을 따오라고 지시한 인물은 연개소문. 사물에 따르면, 평양의 실권자인 연개소문과 추종세력은 양만춘을 반역자라 부르며, 안시성에 대한 어떤 원조나 비호도 거부한다고 한다. 영화는 양만춘과 연개소문 사이에서 혼란을 경험하는 사물을 다각도로 조명한다.

당 태종의 고구려 원정 이전에 이미 양만춘과 연개소문의 화해할 수 없는 대립관계가 정립된 것으로 영화는 설정한다. 그런 맥락에서 본다면 양만춘은 당 태종과 연개소문의 협공을 받는 인물로 그려진 셈이다. 여기에 연개소문의 살수(殺手)로 등장하는 사물이 보태져 인물들의 갈등관계가 짜인 것이다.

자신을 죽이려는 살수인 사물과 그런 자를 마음속으로 복속(服屬)시키려는 담대한 인간 양만춘 사이의 대결구도는 나름대로 영화적 설득력을 가진다.

문제는 사물의 지독한 반발에도 불구하고 그에게는 양만춘을 거역할 명분이 점차 사라져간다는 사실이다. 성민들과 한마음 한뜻으로 동고동락(同苦同樂)하는 성주 양만춘. 성민 하나하나를 부모처럼 아비처럼 보살피는 인자한 인간 양만춘. 누이의 애정행각을 추상(秋霜)같이 추궁하는 엄격한 오라비 양만춘. 부하 장졸들과 허심탄회하게 유희하면서도 엄정한 군율로 그들을 다스리는 강력한 카리스마의 소유자 양만춘. 어찌 사물 같은 풋내기가 감히 양만춘의 목을 자를 수 있겠는가?!

"나는 물러서는 법을 배우지 못했다. 나는 무릎 꿇는 법을 배우지 못했다."

〈안시성〉에서 양만춘이 내뱉는 일갈(一喝)이다. 정변(政變)을 일으킨 연개소문이 항복을 요구하며 군사를 몰고 왔을 때에도, 당 태종이 대군을 이끌고 침략했을 때에도 양만춘은 한결같이 응대한다. 그것은 퇴각과 항복을 모르는 불굴의 투사이자 전사(戰士)로서 양만춘의 진면목이다. 당나라 대군 앞에서 양만춘은 안시성의 군병들에게 외친다.

"뒤를 돌아보라. 오늘 그대들이 지킬 것은 바로 저들이다. 너희의 부모와 형제, 아내와 아들딸을 지켜내야 한다. 그들을 위해 우리는 끝까지 안시성을 지킬 것이다."

안시성 전투

영화홍보 자료에서 강조하는 사실 가운데 하나는 당나라 20만 대군과 고립무원의 처지에 있는 안시성의 5천 병사 이야기다. 40대1의 싸움을 강조하려는 것이다. 마치 스파르타의 300명 결사대가 대제국 아케메네스 페르시아의 크세르크세스가 이끄는 100만 대군에 맞서 절대로 지지 않았다고 과장한 영화 〈300〉을 흉내 내고 싶은 모양이다.(실제로는 페르시아 30만 대군과 스파르타 병사 300을 포함한 1만의 그리스 연합군이 맞붙은 것으로 알려져 있다.)

영화는 안시성 전투가 시작되기 전에 고구려 군대와 당나라 군대가 맞선 주필산 전투장면을 그려낸다. 사서에는 안시성에서 그다지

떨어지지 않은 주필산 벌판에서 고연수가 지휘하는 고구려의 15만
군병과 이세민이 진두지휘한 20만의 당나라군이 벌인 전투로 기록
돼 있다. 초반의 승세를 오판한 고구려군이 이세민의 유인전략에 말
려 대패하는 것으로 끝나는 주필산 전투.

영화에서 흥미로운 점은 고구려군 지휘자를 고연수가 아니라, 연
개소문으로 설정한 것이다. 영화는 대막리지가 평양성을 비워두고 주
필산 전투에 몸소 참전한 것으로 묘사한다.

그것은 양만춘의 안시성이 이세민의 당군(唐軍)에게 얼마나 대단
한 승리를 거두었는지를 강조하려는 포석으로 이해 가능할 듯하다.

중국의 전통유희인 '경극(京劇)'에서도 중국인들이 몸서리칠 만큼 두려워하는 연개소문마저 15만 대군을 가지고도 당 태종 이세민에게 격멸되었다는 사실을 선명하게 드러내고 싶은 것 같다. 거의 1대1로 싸운 전투에서 패배한 고구려군이 1대40의 수적 열세를 딛고 안시성에서 승리했다는 점을 재삼재사 강조하려는 것이 아닌가 한다.

이 지점에서 우리는 고구려의 신녀(神女) '시미'를 기억해야 한다. 양만춘과 남녀관계를 맺은 여인으로 그려진 시미는 주필산 전투에서 연개소문에게 고구려의 최후를 말한다. 당나라군의 포로가 된 시미는 이세민의 회유책을 전달하는 임무를 가지고 안시성주 양만춘과 독대(獨對)한다. 그녀는 양만춘에게도 고구려가 멸망당할 것을 주장하면서 당 태종에게 투항할 것을 종용한다. 당나라에서 양만춘과 함께할 행복한 미래를 꿈꾸는 고구려 신녀 시미.

시미의 역할은 양만춘과 이어질 뻔했던 애정관계의 축(軸)이 아니라, 고구려 시조이자 활의 명인 주몽의 신궁(神弓)을 안시성주에게 전달하는 것인지도 모르겠다. 주몽이 고구려를 건국한 이래 근 700년 동안 어느 누구도 당길 수 없었던 불멸의 신궁. 당 태종도 스스로의 근력(筋力)을 시험하다가 실패했던 신궁을 당길 수 있는 유일자로서 양만춘을 설정한 감독. 아마도 이런 점이 가공인물 양만춘을 '국뽕'의 적임자로 만들고 있는지 모르겠다.

우리는 안시성 전투의 결말을 알고 있다. 무려 88일 동안의 사투를 겪으면서도 안시성은 요지부동(搖之不動) 무너지지 않는다. 지극히 선진적인 공성(攻城) 방법에도 불구하고 당나라군은 끝내 안시성에 발을 내딛지 못한다. 영화가 제공하는 볼거리 가운데 하나가 공성을 둘러싼 고구려군과 당나라군의 전투장면이다.

거대한 통나무 앞부분에 쇠로 장갑(裝甲)하여 성문을 깨트려 부수는 충차(衝車). 커다란 돌을 성으로 날려 보냄으로써 성벽을 부수고 사람들을 공포로 몰아넣는 투석기(投石機). 트로이의 목마를 연상시키는 형태의 공성탑과 구름까지 닿을 듯 높이 솟은 운제(雲梯) 등이 관객을 흥분의 도가니로 몰고 간다.

하지만 영화 〈안시성〉 전투의 백미는 토산을 둘러싼 양측의 치열한 공방이다. 무려 2개월 동안 50만의 연인원을 동원해 인공적으로 쌓아올린 토산, 충차와 투석기, 공성탑과 운제로도 격파되지 않은 천험의 은산철벽(銀山鐵壁) 요새를 무너뜨리려는 최후의 무기 토산. 양만춘의 신출귀몰한 전략과 전술로 지탱해온 안시성이지만 위기감은 날로 깊어가고 절체절명의 시각은 쉬지 않고 질주한다. 과연 안시성은 대응방책을 마련하고 있는가?!

여기서부터 우리는 〈명량〉의 자매편과 만난다. 아이들의 두꺼비집 놀이를 보고 영감을 얻은 성주와 치매 어머니를 모시고 살아가는 효자 우대가 만들어내는 기막힌 합작품. 그것은 토산 아래 굴을 파서 인공산을 붕괴시키는 작전이다.

포클레인 같은 강력한 굴착기도 없던 태곳적 백성들이 삽과 곡괭이로 순식간에 거대한 땅굴을 파고, 그것도 모자라서 도끼질로 거대

한 기둥을 잘라내는 신통방통한 요술. 일컬어 민관군 삼위일체가 현현한 장면이라 아니할 수 없겠다. 때마침 쏟아진 장대비도 고구려의 든든한 우군(友軍)으로 작용하니 그 아니 경사인가?!

그럼에도 우리는 김부식의 사서에서 토산과 그 붕괴를 확인한다.

"밤낮으로 흙산 쌓기를 계속해 안시성 안을 굽어보게 되었다. 부복애에게 군사를 거느리고 산꼭대기에 머무르며 지키게 했는데, 산이 무너져 성을 눌러 무너뜨렸다. 마침 복애가 자리를 비워 고구려군 수백 명이 무너진 곳에서 나와 흙산을 점거하고 주위를 깎아 지켰다. 당주는 노하여 복애를 참수(斬首)했다."('고구려 본기' 제9권 보장왕)

　토산의 붕괴와 방비책임을 물어 부복애를 참살하는 당 태종. 반면에 토산의 붕괴를 준비하고 그것을 점령할 계획을 빈틈없이 수립하는 양만춘. 전투의 승패는 이미 정해진 수순을 향해 질주한다. 토산 붕괴는 양만춘의 신궁과 결합하여 당나라군과 이세민을 결정적으로 타격한다. 토산을 지키려는 고구려군과 되찾으려는 당나라군의 밀고 밀리는 공방전이 끝없이 이어진다.

　인해전술(人海戰術)과 물량공세로 총공격을 감행하는 당 태종. 예비한 수레바퀴가 동나고, 화살마저 바닥을 보이는 최악의 상황. 부하들도 이제는 수성(守城)이 불가능하다고 진언하는 백척간두(百尺竿頭)의 전황. 양만춘은 휘하장졸에게 주몽의 신궁을 가져오라 명한다. 그러하되 신궁은 명불허전(名不虛傳)이다. 천하의 명궁 양만춘도 신궁을 당길 수 없다. 열패감과 당혹감으로 흐려지는 양만춘의 얼굴.

성주를 둘러싼 백하부대 여전사들의 팔과 어깨가 잘려나가고 양만춘의 흉중에는 패배한 안시성 백성들의 참혹한 형상이 줄을 잇는다. 불현듯 활시위가 팽팽하게 당겨지고 화살은 허공을 가르고 비상(飛翔)한다. 우리는 야사(野史)에 등장하는 이 눈부신 장면을 기억하고 있다. 같은 시각 당나라군의 배후(背後)를 급습해오는 고구려의 정예 병사들. 그 선두에 연개소문과 사물이 자리한다. 이토록 아름답고 경이로운 장면을 어떻게 달리 찾을 수 있겠는가?!

협량(狹量)한 연개소문은 당나라군 도륙(屠戮)에 정신을 쏟으며 양만춘과 목례(目禮)조차 주고받지 않는다. 양만춘도 돌아온 사물의 공(功)을 말하지만, 대막리지에게는 관심도 두지 않는다. 양만춘은 안시성을 지켜냈고, 연개소문은 고구려를 수호했다고 영화는 주장한다.

기실 양만춘은 단 한 번도 고구려 수호의 변(辯)을 토하지 않는다. 그의 유일한 관심은 안시성 사수에 있다. 아마도 이런 점이 객석의 설득력을 약화시켰는지 모를 일이다. 대국적인 견지에서 상호 협력해야 했던 걸출한 두 인물의 적전분열(敵前分裂)과 갈등이 아름답지 않았던 때문이다.

〈안시성〉에 뛰는 가슴,
'국뽕'인가 역사인가?! ③

영화 〈안시성〉에 드러난 흠결

주필산 전투의 계절은 늦가을로 추정된다. 산야의 초목이 누렇게 시들어 있기 때문이다. 장군들과 병사들의 얼굴도 쌀쌀한 날씨 때문에 굳어 보인다. 전투에서 궤멸적인 패배를 당한 고구려군은 연개소문의 지휘를 받고 평양성으로 귀환한다. 그 무리에서 이탈한 사물이 연개소문의 밀명(密命)을 수행하려 안시성으로 말을 재촉한다. 길에서 조우하는 두 사람.

문제는 그들이 힘을 합쳐서 우마차를 진창에서 끌어냈을 때 관객의 눈에 보이는 주변풍광이다. 안시성에는 여름이 한창이다. 길에는 장마의 물이 넘쳐 수렁을 이루고, 산과 들에는 초록의 풀과 나무가 넘쳐난다. 무슨 일인가?! 사서에서는 안시성과 주필산의 거리를 지호

지간(指呼之間)으로 기록하고 있지만, 영화는 두 곳의 거리가 가깝지 않음을 드러낸다. 그럼에도 요동벌판의 두 지점의 서로 다른 계절이 혼재하는 것은 불가능한 일이다.

안시성을 사수하면서 양만춘은 당나라군의 용맹한 돌궐족 장수에게 창에 찔리는 중상을 당한다. 목숨이 명재경각(命在頃刻)에 달린 위기의 순간을 극복한 성주는 사흘 밤낮을 의식불명 상태로 누워 지내야 했다. 백성들의 근심걱정 덕이었는지 다시 건강을 되찾는 양만춘. 그런데 창을 맞은 곳은 오른쪽 어깨인데, 붕대가 칭칭 동여매져 있는 어깨는 왼쪽이다. 어찌 된 일인가?! 이런 사소한 실수가 영화의 구조를 취약하게 한다.

무너진 토산을 점령한 고구려군과 그것을 수복하려는 당나라군의 치열한 공방전이 벌어질 때 고구려군의 주된 공격수단은 활과 불붙인 수레바퀴다. 수레바퀴에 기름칠을 해서 토산 위에서 아래로 굴리는 것이다. 일종의 화공(火攻)인 셈이다. 그런데 그 시절에 정말 고구려군에게 그토록 많은 수레바퀴가 준비돼 있었을까, 하는 의문이 든다. 여기에는 나름 까닭이 있다.

1805년 순조 5년에 현동 정동유 선생이 집필한 당대 최고최대의 백과사전인 『주영편』에는 '조선에 없는 졸렬한 풍속 세 가지'가 실려 있다. 바늘과 양과 수레가 그것이다. 육축(六畜) 가운데 소와 더불어 희생(犧牲) 제물의 으뜸인 양이 없음은 조선의 기후와 식생이 양을 기르는 데 적합하지 않은 탓일 수도 있으니 선생의 한탄에 그다지 동조하지 않아도 될성부르다. 하지만 바늘과 수레에 이르면 상황이 전혀 다르다.

일찍이 우리는 「조침문(弔針文)」이라는 글을 읽고 배웠다. 순조 어간에 유씨 부인이란 여성이 27년을 써오던 바늘을 부러뜨리고 그 애틋한 심사를 국한문 혼용체로 쓴 글이 「조침문」이다. 거기서 우리는 조선 아녀자들이 북경에서 조선 사신들이 구해다준 바늘로 바느질을 해왔음을 확인한다. 그것을 기록으로 남긴 이가 정동유다. 수레도 매한가지다. 선생의 글을 인용한다.

"우리나라에는 바늘이 없어서 반드시 중국 연경(북경) 시장에서 사와야 한다. 만약 중국과 무역이 통하지 않는다면,

베와 명주가 있더라도 옷을 꿰맬 길이 없으니, 첫 번째 졸렬
한 일이다… 중국은 황제 이래로 육로에서는 수레를 사용
하고, 수로에서는 배를 사용한다. 어디인들 그렇지 않겠는
가마는 우리나라에는 배는 있으나, 수레는 없으니 세 번째
졸렬한 일이다."((주영편), 117쪽)

　　같은 맥락에서 연암 박지원 선생은 조선 백성들의 살림이 곤궁한
까닭을 자신들의 환로(宦路)에만 눈이 멀어서 민의 고달픈 생활을 돌
아보지 않는 사대부에서 찾는다. 이렇게 돌이킨다면 고구려 시대에
수레바퀴가 있었을 것이란 추론은 어려워진다. 문명의 이기(利器)는
한 번 도입되면 나날이 개선의 길을 경험하면서 그 외연(外延)을 확장
하기 때문이다.
　　19세기 조선에 없던 수레바퀴가 7세기 중엽 고구려에 있었다고 주
장하기란 어려운 노릇 아닌가?! 이것은 영화 〈남한산성〉에서도 고스
란히 반복된다. 홍타이지의 청나라군이 쏘아댄 '홍이포(紅夷砲)'로 숱
하게 죽어 나간 조선병졸들의 시신을 나르는 수레가 남한산성을 누
비고 있었으니 말이다.
　　영화에서 자잘한 디테일이 무너지면 구조가 취약해지고 자연스레
영화의 설득력이 약해진다. 그것은 당연히 관객감소로 이어지면서 영
화의 경쟁력을 떨어뜨린다. 이런 점에서 김광식 감독은 한국영화 디
테일의 제왕인 봉준호 '봉테일'에게 배워야 한다. 이미 〈살인의 추억〉

(2003)에서 신군부의 서슬이 퍼렇던 1980년대를 기막히게 재현했던 봉준호. 그가 만든 영화는 시공간을 지극히 충실하게 되살려낸다. 그 럼으로써 영화의 상상력도 강력하게 살아나는 것이다.

글을 마치면서

한국인들은 고구려, 하면 으레 만주벌판과 대제국과 광개토대왕 을 떠올린다. 거의 동시에 신라의 '불완전한' 삼국통일을 비판적인 관점으로 연상한다. 어떤 정치학자는 고구려와 백제, 신라가 소유하고 있던 영토의 상실을 말하면서 삼국통일의 '허구성'을 강조한다.

"삼국시대 총면적 52만 평방킬로미터가 신라통일 이후에 13만 평방킬로미터로 줄어들었으니, 실제로 잃은 영토가 39만 평방킬로미터가 된다. 이를 백분율로 나타내면 우리는 75%의 영토를 잃은 셈이 된다… 통일이란 일차적으로 영토의 통합이다. 따라서 영토의 75%를 잃고 삼국을 통일했다고 주장하는 것은 논리적으로도 맞지 않는다.

만약 그런 식으로 통일을 설명한다면, 오늘날 국제적으로 어떤 계기가 마련되어 중국의 힘을 빌려 북한을 멸망시키고, 그때 진 신세 때문에 한반도의 75%를 중국에 할양해 줌으로써 남한정부의 영토가 지금의 경상도로 축소되었다고 하자. 이럴 경우에 우리가 북한을 멸망시켰다는 이유만으로 남북통일을 했다고 강변할 수 있을까?"(『한국사 새로 보기』, 64-66쪽)

나는 이 주장의 진위나 정당성을 확인하려는 것이 아니다. 다만 그의 논거에 동조하는 수많은 한국인이 엄존하고 있음을 강조하고 싶은 것이다. 그리고 이런 주장의 배후에는 강성했던 고구려, 수당제국과 당당히 맞장을 떴던 강력한 제국 고구려를 향한 사무치는 연모의 정이 자리한다.

이것은 부인할 수 없는 사실이다. 그런 까닭에 고구려 멸망 이후 출현한 대조영의 발해와 통일신라의 교섭창구나 외교관계 부재를 안타까워하는 식자(識者)들 또한 적지 않다. 그리하여 출현한 용어가 이른바 '남북국시대'다. 이 또한 논란의 소지가 다분하다.

통일이든 남북국이든, 거기 매개된 것은 언제나 고구려였다. 그런 이유로 북방으로 영토를 대거 확장한 광개토대왕을 향한 한국인의 들불 같은 사랑은 〈태왕사신기〉 같은 '국뽕' 드라마를 잉태시켰다. 이런 분위기와 세간의 인식은 비판적인 지식인 함석헌에게서도 찾을 수 있다.

> "고구려는 민족 최대의 제국이자, 삼한(三韓)의 맏형으로,
> 한민족을 지키는 방파제와도 같은 역할을 하였다. 고구려가
> 대제국을 이룩하며 번영한 요인에는 여러 가지 요인이 있겠
> 으나, 그 중에서 가장 큰 것은 뛰어난 영웅들이 있었기에 가
> 능하지 않았을까 여겨진다."(『뜻으로 본 한국역사』에서 인용)

제국과 맏형, 방파제와 영웅으로 이어지는 열쇳말에서 함석헌의 생각을 유추할 수 있다. '영락(永樂)'이라는 독자적인 연호(年號)를 씀으로써 중국과 대등한 제국임을 선포한 광개토대왕. 대륙세력의 침략야욕을 번번이 분쇄하는 방파제이자 맏형으로 맡은 바 구실을 다한 고구려.

그것을 가능하게 했던 광개토대왕과 장수왕, 유유와 밀우, 온달, 을지문덕과 양만춘, 연개소문 같은 영웅들의 눈부신 활약상. 함석헌은 이런 사실을 기술함으로써 한반도 남단에 갇혀버린 한국인들의 왜소한 역사의식을 일깨우고 싶었을 것이다.

반면에 우리는 고구려 역사를 다른 각도에서 조명할 수 있다. 오슬로 국립대학에서 한국학을 가르치는 귀화 한국인 박노자의 견해를 살핀다.

> "고구려는 독자적인 문화권역을 가진 제국이 아니라, 중국을 중심으로 한 동아시아 문화공간에 있던 독자성 강한 구성원이었을 뿐이다. 강력했던 고구려의 '힘'을 사실 이상으로 과장하면서 흠모하는 것보다는 보덕의 〈열반경〉이해나 담징의 화풍(畫風)에 반영된 고구려 문화를 중요시하는 것이 더 낫지 않겠는가?"(『거꾸로 보는 고대사』, 62-64쪽)

> "신라인들이 발해 건국에서 말갈족이 했던 구실과 아울러 발해와 고구려의 계승관계를 잘 인식하긴 했지만, 발해인들에 대해서는 정치적인 적대감을 넘어 문화적인 이질성까지 느꼈다. 근대 민족주의 사학에서 '상식'으로 통하는 신라, 고구려, 발해가 모두 한민족 계통이라는 생각은 7-9세기 고대인들의 머릿속에는 들어있지 않았다."(같은 책, 77-78쪽)

동일한 역사를 바라보는 연구자들의 상이한 시각은 우리의 지적인 저변과 역사적인 안목을 풍요롭고 입체적으로 만들어 주리라 믿는다. 다만 한 가지, 땅에 대해 한국인들이 가지고 있는, 원한에 사무칠 만큼 연면 부절하게 이어진 욕망은 이제 멈출 때도 되었다고 생각한다. 그토록 너른 만주의 대지가 우리 것이 된다면 그곳에서 당신은 무엇을 하려는가?! 농사를 지을 것인가, 아파트를 세울 것인가, 학교를 건립해 교육에 투신할 것인가?!

16세기 유럽 제국주의가 등장한 이후로 세계는 육상제국 시대에서 해양제국 시대로 옮아갔다. 더욱이 전자혁명이 일상화된 현대 21세기 사회에서 토지와 같은 고형(固形)의 물적 자산은 예전만큼의 가치와 의미를 갖지 못한다. 문제는 우리가 아직도 토지소유라는 전근대의 사유와 인식에 젖어 있으며, 남북의 오랜 분단을 극복하려는 강력한 의지를 실행하지 않으려는 뼈아픈 사실에 있다.

거기서 우리는 지난날의 역사와 안시성 그리고 양만춘과 연개소문, 당태종과 중국을 돌아보아야 할 것이다. 645년의 안시성 공격이 실패로 돌아간 4년 뒤 이세민이 죽으면서 남겼다는 유언은 다음과 같다.

"나의 자식들은 고구려를 공격하지 마라. 이길 수 있는 나라가 아니다. 고구려를 공격하다가 오히려 당나라가 위태로울 수 있다."

안시성과 고구려의 대당항쟁이 얼마나 강고했는지를 명시적으로 보여주는 유언이다. 그렇게 안시성민과 고구려 인민들은 불굴의 의지와 불패의 신념으로 대당투쟁을 전개했던 것이다. 하지만 역사는 우리에게 뼈저린 가르침을 알려준다. 이세민 사후 불과 19년 만인 668년 고구려는 나당 연합군의 공격에 속수무책으로 무너졌다는 사실을. 그것도 연개소문의 세 아들인 남생, 남건, 남산의 분열과 대립으로 어처구니없는 망국(亡國)의 길을 걸었다는 사실을.

'국뽕'으로서 〈안시성〉이 아니라, 역사의 교훈을 온전하게 전달하는 영화로 〈안시성〉이 제자리를 잡았으면 좋겠다. 애국충정은 과거의 미화나 과장이나 엉뚱한 상상력이 아니라, 과거의 실패와 좌절, 절망과 패배를 주도면밀하게 살피고 그것에서 교훈을 포착하는 것에서 출발한다.

그와 아울러 몇몇 영웅들의 비상한 노력과 업적으로 성취되는 것이 아니라, 공동체 구성원들의 단결과 통합에서 시작한다는 자명한 이치를 생각해야 한다. 하여 내가 말하고자 하는 궁극적인 명제는 다음과 같다.

"우리는 성공한 역사가 아니라, 실패한 역사에서 더 많이 배워야 한다."

김규종

고려대학교 문학박사(러시아 문학). 경북대학교 인문대학 노어노문학과 교수. 대경민교협 집행위원장(2004~2006), 경북대학교 전교교수회 부의장(2008~2010), 대경민교협 의장(2012~2014), 경북대학교 인문대 학장(2012~2014), 복현 콜로키움 좌장(2015~2017), 민예총 대구지부 영화연구소장(2007~현재) 등을 지냈다. 지은 책으로『노자의 눈에 비친 공자』, 『대학생으로 살아남기』,『기생충이 없었다면 섹스도 없었다?!』,『문학교수, 영화 속으로 들어가다 1, 2, 3, 4, 5, 6』,『극작가 체호프의 희곡을 어떻게 읽을 것인가』,『소련 초기 보드빌 연구』,『비가 오는데 개미는 왜 우산을 안 쓸까?!』,『파안재에서』(이상 저서),『다이내믹 코리아를 찾아서』,『우리 시대의 레미제라블 읽기』(이상 공저) 등이 있고,『강철은 어떻게 단련되었는가』,『광장의 왕』,『마야코프스키 희곡전집』,『체호프 희곡전집』,『귀여운 여인』 등을 우리말로 옮겼다. 요즘 인문학의 확대와 보급, 민주사회 건설과 부의 공평한 분배, 가족주의를 극복하고 모두가 행복한 공동체 만들기에 관심을 두고 있다.

문학교수, 영화 속으로 들어가다 7

초판 1쇄 인쇄 2019년 6월 20일
초판 1쇄 발행 2019년 6월 28일

지은이 김규종
펴낸이 최종숙
펴낸곳 글누림출판사

책임편집 문선희 | **편집** 이태곤 백초혜 권분옥 홍혜정 박윤정
디자인 안혜진 최선주 | **홍보** 박태훈 안현진

주소 서울시 서초구 동광로46길 6-6(반포4동 577-25) 문창빌딩 2층(우06589)
전화 02-3409-2055(대표), 2058(영업), 2060(편집)
팩스 02-3409-2059 | **전자우편** nurim3888@hanmail.net
홈페이지 www.geulnurim.co.kr
블로그 blog.naver.com/geulnurim
북트레블러 post.naver.com/geulnurim
등록번호 제303-2005-000038호(2005.10.5.)

정가는 뒤표지에 있습니다.
ISBN 978-89-6327-567-3 04680
       978-89-6327-305-1 (세트)

* 이 도서의 국립중앙도서관 출판예정도서목록(CIP)은 서지정보유통지원시스템 홈페이지(http://seoji.nl.go.kr)와
  국가자료공동목록시스템(http://www.nl.go.kr/kolisnet)에서 이용하실 수 있습니다. (CIP제어번호: CIP2019024900)